DANS LA MÊME COLLECTION

La philosophie de Thomas d'Aquin, par Ruedi Imbach et Adriano Oliva, 2009.
La philosophie de Francis Bacon, par Michel Malherbe, 2011.
La philosophie de Bergson, par Anne-Claire Désesquelles, 2011.
La philosophie de Nelson Goodman, par Jacques Morizot et Roger Pouivet, 2011.
La philosophie de Raymond Ruyer, par Fabrice Louis et Jean-Pierre Louis, 2014.
La philosophie de John Dewey, par Stéphane Madelrieux, 2016.
La philosophie de Descartes, par Denis Moreau, 2016.
La philosophie de Kant, par Antoine Grandjean, 2016.
La philosophie de Hobbes, par Philippe Crignon, 2017.
La philosophie de Schelling, par Patrick Cerutti, 2019.
La philosophie de Wittgenstein, par Mélika Ouelbani, 2019.

A paraître
La philosophie de Fichte, par Laurent Guyot.

LA PHILOSOPHIE DE SARTRE

REPÈRES

REPÈRES PHILOSOPHIQUES

Directrice : Éléonore LE JALLÉ

LA PHILOSOPHIE
DE SARTRE

REPÈRES

par
Philippe CABESTAN

PARIS

LIBRAIRIE PHILOSOPHIQUE J. VRIN

6 place de la Sorbonne, V^e

2019

© *Librairie Philosophique J. VRIN*, 2019
Imprimé en France
ISSN 2105-0279
ISBN 978-2-7116-2926-8
www.vrin.fr

Pour Jeanne-Hélène, Eugène et Olga

ABREVIATIONS

QLL	*Qu'est-ce que la littérature ?*
QM	*Questions de méthode*
RE	*La responsabilité de l'écrivain*
RQJ	*Réflexions sur la question juive*
RR	*On a raison de se révolter* (avec Ph. Gavi et P. Victor)
SI	*Situations I*
SII	*Situations II*
SIII	*Situations III*
SIV	*Situations IV*
SV	*Situations V*
SVI	*Situations VI*
SVII	*Situations VII*
SVIII	*Situations VIII*
SIX	*Situations IX*
SX	*Situations X*
SF	*Le Scénario Freud*
SG	*Saint Genet, comédien et martyr*
TE	*La Transcendance de l'ego*
TM	*Les Temps modernes*
VE	*Vérité et existence*

LA VIE DE JEAN-PAUL SARTRE

Comme le rappelle Simone de Beauvoir (1908-1986), au cours d'un entretien avec Sartre publié à la suite de *La Cérémonie des adieux*, « vous m'avez dit, quand nous nous sommes connus : je veux être Spinoza et Stendhal » (CA, p. 225). Nous sommes en 1974, quarante-cinq ans après leur première rencontre en 1929, alors que Sartre a pour ainsi dire perdu la vue. Et de fait, Sartre est devenu non seulement un écrivain reconnu, en France comme à l'étranger ; un dramaturge dont les pièces bénéficient d'un large succès ; l'auteur d'une demi-douzaine de scénarios ; un intellectuel dont les engagements provoquent aussi bien l'exaspération et la haine que l'admiration voire l'enthousiasme. Enfin et surtout, étant donnée la perspective qui est la nôtre dans cet essai, une figure majeure de la philosophie du XXe siècle que la publication de *L'Être et le néant* en 1943 propulse sur le devant de la scène philosophique.

La vie de Sartre nous est relativement bien connue. Nous disposons de documents comme les *Carnets de la Drôle de Guerre*, *Les Mots*, le film *Sartre par lui-même*, un « Autoportrait à soixante-dix ans », sa correspondance avec Beauvoir, etc. Nous pouvons également nous appuyer sur les nombreux témoignages de ses proches comme Jean Cau, Michel Contat, André Gorz, Fernando Guerassi, Claude Lanzmann, Jean Pouillon, etc. sans oublier sa fille adoptive : Arlette Elkaïm-Sartre. On comprend alors que, s'il est relativement aisé de résumer en quelques mots la vie d'un philosophe comme celle d'Emmanuel Kant, qui meurt à Königsberg, en Prusse orientale, là même où il était né, et dont on ne sait au fond pas grand-chose, l'entreprise se révèle autrement difficile lorsqu'il s'agit de Sartre dont la vie fut, en outre, particulièrement riche en événements de tous ordres.

Étant données les limites de ce livre, nous nous contenterons d'exposer en suivant l'ordre chronologique quelques éléments biographiques, qu'il sera aisé de compléter grâce à la biographie particulièrement approfondie et détaillée qu'Annie Cohen-Solal publia en 1985 chez Gallimard.

En marche vers la célébrité (1905-1945)

Sartre est né à Paris en 1905. Fils unique d'Anne-Marie Schweitzer et de Jean-Baptiste Sartre, il n'a pour ainsi dire pas connu son père qui, officier de marine, meurt de la fièvre jaune peu après sa naissance en 1906. Les grands-parents Schweitzer, d'origine alsacienne, recueillent l'orphelin et sa mère, qui demeurent alors rue Jacob dans le cinquième arrondissement de Paris jusqu'au remariage en 1917 d'Anne-Marie qui devient Madame Mancy. Sartre fait alors la connaissance de son beau-père, Joseph Mancy, ingénieur polytechnicien auquel il ne pardonnera manifestement jamais de lui avoir enlevé sa mère. Aux dires de Sartre lui-même, ses premières années sont marquées par une relative solitude – l'enfant vit entre sa mère et ses grands-parents – que viennent compenser la lecture de romans de cape et d'épée et l'écriture. Dès huit ans, en effet, l'écriture permet à Jean-Paul de fuir dans des récits dont il est le héros et qu'il comprendra plus tard comme un « refus de vivre » (M, 161), refus conforté à l'âge de douze ans par la découverte de sa laideur (M, 89).

En 1915, Sartre entre au lycée Henri-IV. Il y rencontre un an plus tard Paul Nizan. Après avoir préparé le concours de l'École normale supérieure (E.N.S. de la rue d'Ulm), qu'il réussit en 1924, Sartre passe l'agrégation de philosophie. Contre toute attente, il est recalé alors que son camarade Raymond Aron est reçu premier. Il lui faut donc se représenter. C'est à cette époque, en 1929, qu'il fait la connaissance de Simone de Beauvoir (1908-1986), surnommée le « Castor », qui raconte dans ses *Mémoires d'une jeune fille rangée* (1958) leur rencontre, et qui sera tout au long de sa vie sa première interlocutrice. Ils forment un couple fondé sur une exigence de transparence et de liberté. En d'autres termes, contre l'amour dit bourgeois qui repose sur l'institution du mariage et le serment de fidélité, Sartre et Beauvoir entendent conserver leur indépendance et distinguent les « amours contingentes » qui d'aventure s'offrent à eux de « l'amour nécessaire » qui les unit.

Sartre aurait découvert la phénoménologie à l'occasion d'un cocktail à l'abricot, rue du Montparnasse. Interrogé sur ce que peut bien être la phénoménologie, Raymond Aron (1905-1983), qui revient tout juste d'Allemagne, aurait dit à Sartre : « tu vois, mon petit camarade, si tu es phénoménologue, tu peux parler de ce cocktail, et c'est de la philosophie ». Sartre en aurait pâli d'émotion, ou presque (*La force de l'âge*, p. 156-157). Vrai ou faux, peu importe : Sartre part pour Berlin où il séjourne de septembre 1933 à juin 1934 pour y découvrir avant tout les œuvres du fondateur de la phénoménologie,

Edmund Husserl (1859-1938) et, notamment, les *Recherches logiques* (1900-1901), *Les Leçons pour une phénoménologie de la conscience intime du temps*, (publiées en 1928), *Les Idées directrices pour une phéno-ménologie* (1913) et *les Méditations cartésiennes* (parues en français en 1931).

Ces lectures sont à bien des égards décisives dans l'itinéraire de Sartre. Non que Sartre leur doive tout. D'une part, comme l'ont établi avec précision différentes études, il y a un *Sartre avant la phénoménologie*, dont la première philosophie avec, notamment, ses idées sur la contingence de l'être, est déjà bien arrêtée. D'autre part, Sartre est rapidement en mesure de prendre ses distances vis-à-vis de Husserl, tout en lui empruntant de nombreux concepts à commencer par celui d'intentionnalité. Ainsi, alors qu'il se trouve en Allemagne, il rédige un bref essai qu'il publie six ans plus tard, en 1939 : « Une idée fondamentale de la phénoménologie de Husserl : l'intentionnalité » (SI, 38-42). Enfin et surtout, Sartre découvre vers la fin des années trente l'œuvre du disciple de Husserl, Martin Heidegger (1889-1976), dont l'ouvrage majeur, *Être et temps* (1927), devient l'une des principales sources de son premier grand ouvrage philosophique : *L'Être et le néant. Essai d'ontologie phénoménologique* (1943).

Il ne faudrait cependant pas oublier que le philosophe est également écrivain et que, durant cette même période, nous laissons de côté les écrits de jeunesse (ES, p. 483 *sq.*), Sartre a publié chez Gallimard un premier roman, *La Nausée* (1938), puis un recueil de nouvelles rassemblées sous le titre *Le Mur* (1939) ainsi qu'une trilogie : *Les Chemins de la liberté. L'Âge de raison*, tome 1, *Le Sursis*, tome 2, (1945) – le troisième tome, *La*

Mort dans l'âme, sera publié quelques années plus tard, en 1949. Parallèlement, il offre à la scène une première pièce de théâtre, inspirée de la tragédie des Atrides, *Les Mouches* (1943), puis *Huis clos* (1944) et son immortelle réplique : « L'enfer, c'est les autres ». Sartre est désormais célèbre et avec lui le Café de Flore ainsi que les caves de Saint-Germain-des-Prés. On se précipite en 1945 pour écouter sa conférence : « l'existentialisme est un humanisme » tandis que, comme le note Merleau-Ponty (1908-1961), « les jeunes filles dans les collèges sont mises en garde contre l'existentialisme comme contre le péché du siècle » (*Sens et non-sens*, p. 88).

On comprendra aisément que, après avoir enseigné successivement au lycée François premier du Havre, au lycée Pasteur de Neuilly et au lycée Condorcet de Paris, Sartre puisse donner en 1944 sa démission et quitter l'Éducation Nationale : ses œuvres lui assurent des revenus plus que confortables, qui permettent à cet éternel locataire de venir généreusement en aide à de nombreuses personnes et associations.

L'écrivain engagé (1945-1980)

On a parfois reproché à Sartre de n'avoir pas rejoint la résistance, et même d'avoir collaboré. Par la suite, il aurait voulu compenser ce désengagement par un engagement de tous les instants. Il est vrai qu'avant la seconde guerre mondiale, en dépit d'un fort sentiment antibourgeois, Sartre demeure à l'écart de la vie politique. En l939 Sartre est appelé sous les drapeaux et, en 1940, à la suite de l'invasion de la France, se retrouve prisonnier de guerre en Allemagne. Il revient en France en mars 1941. Il essaie alors de monter un groupe, *Socialisme et liberté*, dont l'activité – essentiellement la rédaction et la diffusion de tracts – ne dure à vrai dire que quelques mois.

En 1945, nous l'avons vu, Sartre est un homme célèbre. Il fonde avec quelques amis, notamment Raymond Aron et Maurice Merleau-Ponty, la revue *Les Temps modernes* et rejoint le R.D.R. (Rassemblement Démocratique Révolutionnaire) dont la particularité est de se vouloir à la fois révolutionnaire et non communiste, d'aucuns diront anticommuniste. Cependant, Sartre se rapproche progressivement des communistes qui, à ses yeux, sont les seuls à véritablement représenter et défendre les intérêts de la classe ouvrière. Sartre devient, selon une expression consacrée, « compagnon de route » du Parti Communiste Français (P.C.F.). Dans cette perspective, il rédige de 1952 à 1954, à la suite de la répression violente d'une manifestation parisienne contre l'intervention américaine en Corée et l'arrestation de Jacques Duclos, qui est alors à la tête du P.C.F., un ensemble de trois articles, publiés dans *Les Temps modernes* et repris sous le titre, « Les Communistes et la paix » (SVI). Parallèlement, Sartre écrit pour le théâtre, ce qui est pour lui une autre manière de poursuivre ses combats.

Ainsi, *Morts sans sépulture* est présentée au théâtre Antoine à Paris en 1946 avec *La Putain respectueuse*. Si la première pièce met en scène la milice et la torture pendant la deuxième guerre mondiale, la seconde permet à Sartre de dénoncer le racisme au États-Unis. Avec *Les Mains sales*, créée en 1948 dans le même théâtre Antoine, Sartre aborde la question du réalisme en politique. On sait ou croit savoir avec Péguy que « le kantisme a les mains pures mais qu'il n'a pas de mains ». Sartre soutient la nécessité, le cas échéant, ne serait-ce que pour « ne pas désespérer Billancourt », de mentir, de recourir à la violence, bref de se salir les mains. Au début des années cinquante, Sartre écrit *Le Diable et le Bon Dieu* (1951) dont la mise en scène est confiée à Louis Jouvet. Vient ensuite *Nekrassov* (1955), comédie satirique qui dénonce la presse bourgeoise et qui, contrairement aux *Mains sales* que l'on soupçonne d'anticommunisme, fut largement applaudie à Paris comme à Moscou et à Leningrad (Saint-Pétersbourg).

Toutefois, en 1956, date de l'intervention soviétique en Hongrie, Sartre rompt avec les communistes français qui, fidèles à Moscou, approuvent la répression de l'insurrection hongroise. Aux yeux de Sartre, le PCF a renoncé à la lutte révolutionnaire et la Russie soviétique, en dépit de la déstalinisation annoncée par Nicolas Khrouchtchev, est encore largement sous l'emprise du « Fantôme de Staline » (S.VII). Cette rupture ne marque naturellement pas la fin de son engagement politique, bien au contraire. Tout d'abord, Sartre se lance dans la rédaction de la *Critique de la raison dialectique* (1960), vaste entreprise pour laquelle il n'hésite pas à jouer avec sa santé en prenant des amphétamines. Son ambition y est indissolublement philosophique et politique dans la mesure où il s'agit pour lui de fixer ses positions par rapport au matérialisme historique de Marx en faisant sa place à la libre *praxis* des individus au sein d'un processus qui n'en est pas moins dominé par la nécessité. En outre, Sartre poursuit ses multiples combats proprement politiques. Ainsi, dans sa pièce *Les Séquestrés d'Altona* (1959), il interroge la culpabilité allemande mais aussi, en filigrane, la culpabilité de la France dont l'armée a recours à la torture et aux corvées de bois (exécutions sommaires) afin de « pacifier » l'Algérie. Un an plus tard,

Sartre se rend en compagnie de S. de Beauvoir à Cuba où il rencontre Fidel Castro, Che Guevara et différents responsables politiques. Ce voyage fait l'objet d'un long compte rendu dans *France-Soir* sous le titre « Ouragan sur le sucre » (TM, 2008, N°649).

Plus généralement, il s'élève contre le colonialisme comme le néo-colonialisme et soutient différents mouvements de libération nationale tels que le Front de Libération Nationale algérien, le Viêt Minh ou les Khmers rouges au Cambodge. C'est à cette époque, en 1964, que Sartre se voit décerner le prix Nobel de littérature. À la surprise générale, il le refuse : non pas, comme de méchantes langues l'ont insinué, parce qu'Albert Camus l'avait reçu avant lui, en 1957, ou parce qu'il cherche à se faire davantage de publicité. Mais pour des raisons à la fois personnelles : il ne veut pas être statufié de son vivant, et politiques : le prix Nobel lui semble réservé aux écrivains de l'Ouest ou aux rebelles de l'Est et, ainsi, servir un camp, le capitalisme, au détriment de l'autre, le socialisme, dont Sartre souhaite la victoire. Surpris, enthousiasmé par le mouvement de mai 68, et convaincu que « Les communistes ont peur de la révolution » (S.VIII), Sartre se rapproche alors des maoïstes. Tout en déclarant : « je ne suis pas Mao », il prend la direction du journal créé par la Gauche prolétarienne : *La Cause du peuple*. C'est pour lui l'occasion d'entamer un dialogue avec une nouvelle génération de militants – comme Philippe Gavi et Benny Lévy dit Pierre Victor avec lesquels il publie *On a raison de se révolter* (1974) – qui, en dépit de leur isolement politique, entendent poursuivre le combat révolutionnaire au nom de la classe ouvrière.

Mais il convient de ne pas oublier que, malgré ses multiples engagements politiques, Sartre demeure avant tout un écrivain qui a fait sienne depuis son enfance la formule de Pline l'Ancien, que Zola fit inscrire sur le linteau de sa cheminée à Médan : « *nulla dies sine linea* (pas de jour sans une ligne) ». C'est en effet à la rédaction des quelque trois mille pages de *L'Idiot de la famille* que Sartre consacre le plus clair de son temps. Ce vaste essai de psychanalyse existentielle, dont on trouve les premiers linéaments dans *L'Être et le néant*, restera cependant inachevé. Sartre en publie les deux premiers volumes en 1971, puis le troisième en 1972. La cécité le contraint de renoncer à son entreprise. Mais non à son engagement politique. C'est ainsi qu'il retrouve son « petit camarade », Raymond Aron, sur les marches de l'Élysée, afin que la France se porte au secours de ceux qui fuient la terreur communiste au Viêt-Nam ou le génocide cambodgien, et qu'on appelle à l'époque les « boat people ». Sartre meurt en 1980. Cinquante mille personnes suivent son enterrement.

LA PENSEE DE JEAN-PAUL SARTRE

INTRODUCTION : UN, DEUX OU TROIS SARTRE

Sartre évoque à plusieurs reprises dans ses *Carnets de la drôle de guerre* son « manque de solidarité » avec lui-même qui lui faisait « juger insolemment » son passé mort du haut de son présent (CDG, 436, 512). Sartre fait en effet partie de ces hommes qui reconnaissent d'autant plus facilement leurs fautes qu'elles relèvent à leurs yeux d'un passé révolu et ne les concernent donc plus. En d'autres termes, loin de coller mélancoliquement à son passé au point de se confondre avec lui, Sartre s'en tient spontanément à distance comme s'il s'agissait de quelqu'un d'autre. Difficile d'oublier ce trait de caractère lorsqu'on s'interroge sur la continuité ou l'absence de continuité d'une pensée qui s'élabore en deux voire trois moments relativement distincts, qui correspondent à la publication en 1943, de *L'Être et le néant*, en 1960 de la *Critique de la raison dialectique* et, à partir de 1970, de *L'Idiot de la Famille*. La question n'est alors pas tant de savoir s'il y a deux, trois ou mille Sartre mais de quelle manière s'articulent la philosophie de *L'Être et le néant*, le projet d'anthropologie structurale et historique de la *Critique de la raison dialectique* et l'essai de psychanalyse existentielle de l'écrivain Gustave Flaubert, que Sartre met en œuvre à la fin de sa vie dans *L'Idiot de la Famille*. Peut-on considérer, comme le soutient Beauvoir, que chacune de ses œuvres constitue un progrès par rapport à celle qui la précède, « parce que sur certains points ça va plus loin » ? (CA, 583).

Sartre lui-même s'est interrogé sur la continuité de sa pensée. À la question « Comment voyez-vous la relation entre vos premiers écrits philosophiques, en particulier *L'Être et le néant*, et votre travail théorique actuel, disons depuis la *Critique de la Raison dialectique ?* », il répond en 1970 : « Le problème fondamental est celui de ma relation avec le marxisme. Je voudrais essayer d'expliquer, par ma biographie, certains aspects de mes premiers travaux car cela peut aider à comprendre pourquoi j'ai si radicalement changé de point de vue après la Seconde Guerre mondiale. Je pourrais dire, d'une formule simple, que la vie m'a appris "la force des choses" » (SIX, 99). Plus radicalement, dans *Les Écrits de Sartre*, à propos de la *Critique de la raison dialectique*, M. Contat et M. Rybalka se demandent « s'il y a ou non une "coupure épistémologique" entre *L'Être et le néant* et la *Critique de la raison dialectique* », par conséquent, si la *Critique de la raison dialectique* est en mesure d'assurer cette fondation de l'anthropologie qui emprunterait dès lors la voie sûre de la science (ES, 339). Disons-le sans détour, il nous paraît absurde de penser que le Sartre de 1960 *n*'est *pas* le Sartre de 1943, et que la *Critique de la raison dialectique* s'édifie sur les ruines de *L'Être et le néant*. Ce qui est frappant, tout au contraire, c'est à quel point Sartre demeure le « même » c'est-à-dire tout à la fois lui-même et un autre ou, pour reprendre le titre d'un ouvrage de Paul Ricœur (1913-2005), soi-même comme un autre. Par exemple, comment ne pas retrouver dans les thèmes de la rareté et de l'homme surnuméraire de la *Critique de la raison dialectique* ceux de la contingence du sujet et du caractère superflu de toute existence de *La Nausée*, sans qu'il s'agisse naturellement d'une pure et simple répétition. Découvrant après la Seconde Guerre mondiale « la force des choses », Sartre doit se donner les moyens conceptuels de décrire cette dimension de la *praxis* et de l'Histoire. Mais si la *Critique de la raison dialectique* opère incontestablement un tournant, Sartre n'en conserve pas moins l'essentiel de ce qui fut établi auparavant et que ses lecteurs retrouvent « intact » dans l'œuvre ultérieure.

Ainsi, comme nous espérons le montrer dans les pages qui suivent, il n'y a pas rupture – et encore moins rupture épistémologique – entre *L'Être et le néant* et la *Critique de la raison dialectique* mais bien approfondissement d'une pensée dont le tournant matérialiste ne peut masquer, rétrospectivement, la profonde unité dialectique.

UNE PHÉNOMÉNOLOGIE DE LA CONSCIENCE

Avant la phénoménologie

Sartre découvre au début des années trente la phénoménologie husserlienne. Mais avant d'envisager son œuvre proprement phénoménologique, il convient de rappeler qu'il existe un Sartre d'avant sa rencontre avec la phénoménologie, dont la pensée ne doit donc rien à Husserl ou à Heidegger et qui, entre 1924 et son séjour à Berlin en 1933, développe une réflexion relativement originale, dont on retrouve la trace jusque dans *L'idiot de la famille*. Trois ou quatre textes, que l'on trouvera, pour certains d'entre eux, publiés par Michel Contat et Michel Rybalka dans les *Écrits de Sartre*, permettent de s'en rendre compte : *Le Second Voyage d'Er l'Arménien ou l'Olympe chrétienne* (1928), librement inspiré du livre

X de *La République* de Platon ; la *Légende de la vérité* (1930) qui tente une généalogie de la vérité et dont la cible privilégiée est l'université française, représentée notamment par Léon Brunschvicg (1869-1944) ; *L'art cinématographique* (1931), discours prononcé lors de la remise des prix à la fin de l'année scolaire, qui entend prouver que le cinéma est bien un art et non pas « le divertissement des femmes et des enfants » (M, 101) ; sans oublier ce qu'on appelle le *Carnet Dupuis* qui rassemble des éléments préparatoires à ce que Sartre appelle à cette époque son *factum* sur la contingence et qui deviendra *La Nausée*. De la lecture de ces écrits de jeunesse et du fourmillement d'idées nouvelles qui s'y annoncent, nous n'en retiendrons qu'une mais qui est peut-être la plus sartrienne des idées de Sartre, *son* idée, et qui est avec la liberté au principe de l'existentialisme sartrien : la contingence. Nous verrons ensuite de quelle manière Sartre conjugue la phénoménologie husserlienne et heideggérienne afin de rédiger ce qu'il présente lui-même comme un *Essai d'ontologie phénoménologique*, intitulé : *L'Être et le néant*.

Une idée fondamentale : la contingence

Pour comprendre cette notion, il suffit peut-être de se rappeler un épisode particulièrement marquant de l'enfance de Sartre, qu'il rapporte dans son auto-biographie, *Les Mots*. Au cours d'une fête organisée à l'Institut des Langues Vivantes, Charles Schweitzer, grand-père du narrateur, constate l'absence de l'un de ses invités et déclare : « Il y a quelqu'un qui manque ici : c'est Simonnot ». Et Sartre de commenter : « Il s'en fallait de beaucoup que l'institut fût au complet : certains élèves étaient malades, d'autres s'étaient fait excuser; mais il ne s'agissait là que de faits accidentels et négligeables. Seul, M. Simonnot *manquait.* Il avait suffi de prononcer son nom : dans cette salle bondée, le vide s'était enfoncé comme un couteau. Je m'émerveillais qu'un homme eût sa place faite. Sa place : un néant creusé par l'attente universelle » (M, 79). M. Simonnot bénéficie ainsi d'un privilège inouï mais qui est en vérité totalement illusoire : jouir d'une existence dont le caractère superflu ou « de trop » aurait été aboli par l'attente universelle. Contrairement à ses semblables, M. Simonnot aurait, lui, le droit d'exister; sa vie serait justifiée. Il incarne ainsi l'antithèse existentielle du petit Jean-Paul dont le lot est « d'être à chaque instant situé parmi certaines personnes, en un certain lieu de la terre et de s'y savoir superflu ». En d'autres termes, l'absence de Simonnot dévoile au jeune Sartre non seulement le pur et simple fait de son existence mais aussi et surtout le caractère absolument contingent de ce fait, c'est-à-dire son absence de nécessité. Si, comme l'écrit Descartes : « je suis, j'existe », pour Sartre, cette existence est absolument sans raison, superflue.

On ne saurait surestimer l'importance de cette idée dans la pensée de Sartre. Selon une formule bien connue voire trop connue, si l'homme est pour Sartre « une passion inutile » (EN, 662), c'est parce qu'il est dans son être voué à poursuivre l'impossible abolition de sa propre contingence. Autrement dit, l'homme cherche de mille et une manières à échapper au caractère superflu de son existence, que ce soit en exigeant d'être aimé, en appartenant au peuple élu, en recherchant la célébrité, en se persuadant, ou en tentant de persuader les autres, de son importance sociale – ce qui n'empêchera pas certaines mauvaises langues de murmurer lors de son décès : « les cimetières sont remplis de gens irremplaçables ». C'est dans le prolongement de cette passion que *L'Être et le néant* analyse l'ensemble de nos relations concrètes et inauthentiques avec autrui, telles que le désir charnel, la passion amoureuse, le sadisme ou encore l'indifférence, grâce auxquelles le sujet espère malgré tout se soustraire à la contingence de son être. En outre, mais reconnaissons que ce point est particulièrement problématique, la contingence est dans *L'Être et le néant* la raison même du surgissement de la conscience dont « l'apparition ou événement absolu » renvoie « à l'effort d'un en-soi pour se fonder ». En d'autres termes, l'acte ontologique en vertu duquel un être devient conscience de soi correspondrait « à une tentative de l'être pour lever la contingence de son être » (EN, 120).

Enfin, il ne faudrait pas croire que cette détermination ontologique ne concerne que l'être humain. « Dieu, s'il existe, est contingent » (EN, 117). En effet, à partir du moment où Dieu existe, son existence est aussi injustifiable que celle de n'importe quel autre être. Ainsi la contingence s'applique-t-elle à tout être, quel qu'il soit. C'est précisément ce que découvre Antoine Roquentin, le personnage principal de *La Nausée*, lorsque, au jardin public, il contemple la racine du marronnier : « J'étais assis, un peu voûté, la tête basse, seul en face de cette masse noire et noueuse, entièrement brute et qui me faisait peur. Et puis j'ai eu cette illumination. Ça m'a coupé le souffle. Jamais, avant ces derniers jours, je n'avais pressenti ce que voulait dire "exister" ». Vient quelques lignes plus bas la réponse : « *De trop*, le marronnier, là en face de moi un peu sur la gauche. *De trop*, la Velléda… Et *moi* – veule, alangui, obscène, digérant, ballottant de mornes pensées – *moi aussi j'étais de trop* » (N, 181-183). La nausée est précisément cette disposition affective qui dévoile à Roquentin le caractère de trop de tout ce qui existe dès que l'existence se présente dans sa nudité, c'est-à-dire sa contingence absolue. Car cette dimension ne peut apparaître que si elle n'est pas recouverte par ce qui donne à ce qui existe un semblant de raison d'être comme son utilité ou sa fonction. C'est pourquoi, Roquentin note à propos de la racine du marronnier : « Je ne me rappelais plus que c'était une racine. Les mots s'étaient évanouis et, avec eux, la signification des choses, leurs modes d'emploi, les faibles repères que les hommes ont tracés à leur surface » (N, 181).

Cette notion de contingence est, avec la liberté, au cœur de la conception sartrienne du sujet et, comme nous aurons l'occasion de le voir lorsqu'on abordera la psychanalyse existentielle, de son aliénation. Notons par avance que c'est elle qui, d'une certaine manière, conduit Baudelaire au dandysme, Genet à choisir le mal et Flaubert à vivre ou plutôt à survivre dans une séquestration volontaire à Croisset. C'est dans cette perspective qu'il convient de lire les pages de *L'idiot de la famille* consacrées à l'amour maternel ou plutôt, en l'occurrence, à son absence. Car, insiste longuement Sartre, il faut « qu'un enfant ait mandat de vivre : les parents sont mandants ; une grâce d'amour l'invite à franchir la barrière de l'instant : on l'attend à l'instant qui suit, on l'y adore déjà, tout est préparé pour l'y recevoir dans la joie ; l'avenir lui apparaît, nuage confus et doré, comme sa mission » (IFI, 140). Ainsi l'amour maternel offre à l'enfant la bienheureuse ignorance de sa contingence. Et selon qu'il est aimé ou mal aimé, l'enfant est soit appelé, aspiré par l'avenir et chargé de mission, soit abandonné à l'instant présent et condamné à l'ennui qui est le temps même de la contingence. Sans doute le mandat maternel est-il une illusion, et la mère n'a pas plus de raison d'être que son enfant. Mais « il faut se tromper d'abord, se croire mandaté, confondre but et raison dans l'unité de l'amour maternel » (IFI, 143).

Toute conscience est conscience de quelque chose

Sartre découvre la phénoménologie de manière relativement tardive, grâce à Emmanuel Levinas (1906-1995) et à son livre : *La théorie de l'intuition dans la phénoménologie de Husserl* (1930). À la suite de quoi, Sartre succède à Raymond Aron à l'institut français de Berlin en 1933, année au cours de laquelle il se plonge dans la lecture de Husserl et de ses disciples comme Max Scheler (1874-1928) ou Eugen Fink (1905-1975). Sans oublier naturellement Heidegger, même si c'est quelques années plus tard, à la fin des années trente, qu'il découvre véritablement une œuvre qui, au départ, selon ses propres dires, le déroutait. On définit habituellement la phénoménologie non comme une doctrine mais comme une méthode dont le mot d'ordre husserlien est « le retour aux choses elles-mêmes (*auf die Sachen selbst zurückgehen*) ». La formule est à vrai dire ambiguë. Quelles sont donc ces choses (*Sachen*) auxquelles le phénoménologue est censé revenir ? Rien d'autre que les phénomènes considérés selon leurs modes d'apparaître, c'est-à-dire selon les différentes modalités sous lesquelles ils nous apparaissent. Ainsi, du grec *phainomenon*, ce qui se montre, et *logos*, discours, science, la phénoménologie en tant que science des phénomènes s'efforce d'en dégager leurs essences respectives.

Il convient toutefois de ne pas confondre le phénomène et le manifeste. La phénoménologie ne mériterait pas une heure de peine si elle se contentait de décrire ce qui apparaît tel qu'il apparaît habituellement à tout un chacun. En ce sens, le phénomène de la phénoménologie correspond bien plutôt à ce qui, dans cette attitude dite naturelle, qui est celle du sens commun et de la vie quotidienne, passe inaperçu. Ainsi, sans relever pour autant d'un quelconque arrière-monde au sens de Nietzsche, le phénomène désigne pour la phénoménologie ce dont l'apparaître est subordonné à un changement d'attitude appelé réduction phénoménologique. En d'autres termes, l'entreprise phénoménologique est suspendue à une forme de conversion ou encore de purification (*catharsis*) qui permet au phénoménologue de saisir ce qui demeure sans cela inapparent. C'est dans cette perspective qu'il convient de comprendre la distinction sartrienne, que nous examinerons un peu plus bas, entre la réflexion pure et la réflexion impure, qui sont des possibilités de *la conscience intentionnelle* en tant qu'elle fait retour sur elle-même et se prend elle-même pour objet, bref *se* réfléchit.

Mais auparavant, il convient de répondre à ces trois questions qui n'en font à vrai dire qu'une : qu'est-ce que la conscience ? Qu'est-ce que l'intentionnalité ? Qu'est-ce qu'une conscience intentionnelle ? À suite de sa lecture de Husserl, Sartre rédige un premier article, repris dans *Situations I* et intitulé : « Une idée fondamentale de la phénoménologie de Husserl : l'intentionnalité » (SI, 38-42). Ce n'est pas un hasard si on accorde une telle importance à ce texte qui, en dépit d'une rédaction plus littéraire que philosophique, permet à Sartre d'exposer sa conception de la conscience intentionnelle. Comme l'indique le titre de cet article, Sartre reconnaît à Husserl le mérite insigne d'avoir découvert l'intentionnalité en tant que structure fondamentale de *toute* conscience. En effet, que je perçoive, que j'imagine, que je désire ou que je fuis, que je sente ou que je veuille, nécessairement je perçois quelque chose, j'imagine quelque chose, je désire quelque chose, etc. Bref, toute conscience est nécessairement conscience de quelque chose qu'elle vise mais, à chaque fois, selon cette modalité spécifique qui caractérise la perception ou l'imagination ou le désir, etc. Et il revient à l'analyse dite intentionnelle d'expliciter avec rigueur cette modalité.

Sans remonter jusqu'à la philosophie scolastique et sa problématique de l'espèce intentionnelle voire jusqu'à Aristote, rappelons que Husserl emprunte la notion d'intentionnalité au philosophe et psychologue allemand Franz Brentano (1838-1917) qui, dans sa *Psychologie d'un point de vue empirique* (1874), caractérise les phénomènes psychiques, en opposition aux phénomènes physiques, par le fait qu'ils se rapportent à quelque chose, qu'ils visent un contenu. Élève de Brentano, Husserl définit ainsi l'intentionnalité : « Le mot intentionnalité (*Intentionalität*) ne signifie rien d'autre que cette parti-cularité foncière et générale qu'a la conscience d'être conscience de quelque chose (*Bewußtsein von etwas zu sein*), de porter, en sa qualité de *cogito*, son *cogitatum* en elle-même » (*Méditations cartésiennes*, § 14). Cette définition husserlienne de l'intentionnalité s'inscrit à vrai dire dans le cadre d'une philosophie idéaliste alors que Sartre entend développer une phénoménologie réaliste. Tout le paradoxe de ce premier texte de Sartre consiste donc à saluer la conception husserlienne de l'intentionnalité et à la tirer de son côté en lui donnant un sens radicalement différent, qui correspond selon Sartre à son « sens profond » et qui serait un sens non pas idéaliste mais réaliste.

En effet, la découverte de l'intentionnalité de la conscience permet à Sartre de donner son congé à cette « philosophie alimentaire » qu'il identifie à la philosophie française et qui fait de l'objet perçu par la conscience une représentation *dans* la conscience. Tout à l'inverse, l'intentionnalité signifie pour Sartre que la conscience « n'a pas de dedans » et que l'objet visé par la conscience n'est pas *dans* mais au-dehors de la conscience. Il écrit non sans lyrisme : « Vous voyez cet arbre-ci soit. Mais vous le voyez à l'endroit même où il est : au bord de la route, au milieu de la poussière, seul et tordu sous la chaleur, à vingt lieues de la côte méditerranéenne. Il ne saurait entrer dans votre conscience, car il n'est pas de même nature qu'elle » (SI, 39). Ainsi l'intentionnalité husserlienne permet-elle à Sartre non seulement d'affirmer la nécessité pour la conscience d'exister comme conscience d'autre chose que soi ; mais aussi l'impossibilité pour la conscience d'exister par soi, repliée sur soi, à la manière d'une réalité substantielle sans portes ni fenêtres. Ce faisant Sartre développe une conception non substantielle de la conscience qu'il va reprendre et approfondir aussi bien dans *La Transcendance de l'ego* que dans *L'Être et le néant*.

De la conscience (de) soi à la réflexion pure

Quand, pressée, je regarde l'heure ou que je ramasse un objet qui vient de tomber, ou encore lorsque je cours après un tramway, ma conscience est essentiellement conscience de l'objet intentionnel qu'elle vise, par exemple, du tramway qui m'apparaît comme « tramway-devant-être-rejoint » (TE, 32). En d'autres termes, ce qui caractérise mon attitude préréflexive, c'est-à-dire antérieure à la réflexion, c'est que je suis comme capté par le tramway, la montre, l'objet-tombé-à-ramasser, etc. On peut décrire l'attitude préréflexive de manière plus rigoureuse en disant que, conformément à sa structure intentionnelle, la conscience préréflexive est conscience d'un objet transcendant et, en outre, qu'elle est nécessairement conscience d'elle-même. C'est pourquoi, si on me demande ce que je fais, tandis que je m'abandonne par exemple à la rêverie, il m'est toujours possible d'indiquer la nature de mon activité : je rêve. Car ma conscience en tant que conscience irréfléchie de « rêver » est à la fois conscience de l'objet de ma rêverie, et conscience de l'acte de rêver. Que la conscience d'un objet soit inséparable de la conscience de soi, c'est ce que manifeste bien le fait que je sais immédiatement si ce que je vise je le perçois ou l'imagine. Pour marquer nettement la différence entre le rapport de la conscience à l'objet qu'elle vise et son rapport à soi, *L'Être et le néant* oppose la conscience *de* quelque chose et la conscience (de) soi, en mettant dans ce dernier cas le (de) entre parenthèses (EN, 20).

L'abandon de l'attitude irréfléchie ou préréflexive au profit de la réflexion implique un changement fondamental d'attitude et, corrélativement, de la structure de la conscience. Dans l'attitude réflexive, la conscience fait retour sur elle-même, elle se prend désormais pour objet intentionnel. Dès lors, j'ai conscience non plus *du* tramway mais que, moi, je veux rattraper le tramway. La réflexion signifie ainsi que la conscience est conscience d'elle-même, c'est-à-dire qu'elle se quasi dédouble en une conscience réfléchissante et une conscience réfléchie qui devient le quasi objet de la conscience réfléchissante. Dans la réflexion, la conscience réfléchissante est conscience de la conscience réfléchie et, en même temps, elle est conscience d'elle-même, mieux : elle est conscience (d') elle-même (TE, 28-29). Nous pouvons à présent distinguer avec Sartre entre deux types de réflexion : la réflexion impure ou complice, qu'on appelle également l'introspection, et la réflexion pure ou non complice – distinction dont on ne saurait trop souligner l'importance méthodologique et qui est comme la clef de voûte de la phénoménologie sartrienne.

Sartre affirme en effet : « Toute notre ontologie a son fondement dans une expérience réflexive » (EN, 186). Cependant, il importe de bien saisir en l'occurrence de quelle expérience il s'agit. En faisant retour sur elle-même, la conscience réfléchissante peut être tentée de constituer la conscience réfléchie en un objet et, ce faisant, de dénaturer la subjectivité au point d'en faire une réalité substantielle dont les déterminations sont rapportées à un Ego. C'est précisément ce que fait Descartes dans ses *Méditations métaphysiques* et Husserl dans ses *Méditations cartésiennes*. Et c'est ce que font également les psychologues qui étudient la *psychè* ou le psychisme en tant qu'objet et qui se placent du point de vue de la réflexion impure (EN, 189). Pour la psychologie, en effet, la *psychè* est un quelque chose, dont elle ignore la structure intentionnelle et auquel elle attribue des états tels que l'amour et la haine, des qualités comme l'intelligence ou le courage et des actions telles que jouer au piano, s'entraîner à la boxe, enseigner.

Mais si le psychisme des psychologues est chose parmi des choses, à l'instar de la table ou de la chaise, la conscience est, du point de vue de la réflexion pure, le contraire même d'une chose. En effet, dans la réflexion pure, la conscience réfléchissante s'en tient strictement à ce qui apparaît tel qu'il apparaît, c'est-à-dire au vécu dont elle dévoile la structure intentionnelle. Ainsi la réflexion pure résulte d'une sorte de *catharsis* ou purification de la réflexion qui est généralement impure. Dès lors, Sartre peut soutenir la thèse qui donne son titre à son essai de 1937, *La transcendance de l'ego*, et selon laquelle l'ego n'est « ni formellement ni matériellement *dans* la conscience » mais il est hors de la conscience à l'instar de n'importe quel objet transcendant comme cet arbre ou ce stylo (TE, 13). En effet, du point de vue de la réflexion pure, la conscience originaire est dite impersonnelle, c'est-à-dire sans ce je (ego) qui serait comme son noyau substantiel. Ainsi, alors que la réflexion pure saisit originairement les vécus de conscience indépendamment d'un quelconque ego qui leur servirait de support, en revanche, la réflexion impure fait naître l'ego dans la conscience réfléchie et transforme cette conscience réfléchie en un objet psychique. Je dirai par exemple que « moi, je suis courageux, généreux, fragile, etc. Dans son article publié en 1939, Sartre expose avec enthousiasme de quelle manière l'intentionnalité husserlienne, bien comprise, permet de ressaisir la conscience dans sa vérité originaire. Il y écrit notamment : « Du même coup, la conscience s'est purifiée, elle est claire comme un grand vent, il n'y a plus rien en elle, sauf un mouvement pour se fuir, un glissement hors de soi; si, par impossible, vous entriez "dans" une conscience, vous seriez saisi par un tourbillon et rejeté au-dehors, près de l'arbre, en pleine poussière, car la conscience n'a pas de "dedans"; elle n'est rien que le dehors d'elle-même et c'est cette fuite absolue, ce refus d'être substance qui la constituent comme une conscience » (SI, 40).

L'en-soi, le pour-soi et la mauvaise foi

Il n'est pas indifférent de soutenir que la conscience intentionnelle n'est pas une chose. Cela signifie, d'un point de vue ontologique, qu'elle ne partage pas le mode d'être des objets ou des choses qu'elle vise. Ainsi, dans *L'Être et le néant*, Sartre se propose d'analyser tout d'abord le mode d'être de la chose, c'est-à-dire de ce qu'il appelle, selon un vocabulaire emprunté à Hegel, l'en-soi ; puis, le mode d'être de ce qu'il appelle le pour-soi, c'est-à-dire la conscience.

Afin d'élucider l'être d'un phénomène comme cette pierre, ce marronnier, cette table ou cette chaise, il nous faut prendre appui sur l'être du phénomène tel qu'il se manifeste. Pour Sartre, cette manifestation est sans ambiguïté et nous en avons du reste la précompréhension. Il apparaît ainsi que « l'être est en soi ». Qu'est-ce à dire ? Tout d'abord que l'être est incréé ; qu'il est son propre support (*selbständig*), non pas au sens où il serait cause de soi, ce qui y introduirait déjà un rapport à soi, mais au sens où il est soi. Et étant soi, l'être est précisément sans rapport à soi. De ce point de vue, il ne peut être ni affirmation de soi ni négation de soi. L'être est en soi ou encore « l'être est ce qu'il est », expression qui énonce non pas le principe d'identité de la logique formelle mais un principe régional qui ne peut être appliqué à cette autre région de l'être qu'est le pour-soi. Enfin, comme nous l'avons vu en relisant *La Nausée*, l'être est contingent. Il est donc sans raison d'être, sans nécessité, de trop, superflu. Cette description du phénomène d'être s'étend dans *L'Être et le néant* sur un peu plus de cinq pages. Par la suite Sartre n'en dira pas plus. L'explicitation du sens d'être de cette région ontologique semble donc achevée pour l'essentiel.

Tout autre est le sens d'être de la conscience ou pour-soi, dont la description est étroitement liée à celle de la mauvaise foi. Aussi cette dernière notion occupe-t-elle dans l'économie de *L'Être et le néant* une place fondamentale au point que Sartre a pu par la suite présenter *L'Être et le néant* comme une eidétique de la mauvaise foi (SIV, 196). Comme nous allons le voir, alors que l'intuition de l'être d'une chose nous révèle un être qui est ce qu'il est, ce qu'on a appelé l'en-soi, l'analyse de la mauvaise foi au cours de la première partie de *L'Être et le néant* nous permet de dévoiler le sens d'être du sujet que le *cogito* sartrien permettra par la suite (*cf.* la deuxième partie) de fixer dans une évidence irrécusable. Car, pour le dire par avance et de manière ramassée, la condition de possibilité de la mauvaise foi, c'est que la conscience, « dans son être le plus immédiat, [...] soit ce qu'elle n'est pas et ne soit pas ce qu'elle est » (EN, p. 102). Il nous faut donc essayer de comprendre, en prenant l'analyse de la mauvaise foi pour fil conducteur, en quel sens la conscience est cet être qui, par-delà le principe d'identité, n'est pas ce qu'il est tout en étant ce qu'il n'est pas.

Qu'est-ce que la mauvaise foi? Si le mensonge suppose la dualité du trompeur et du trompé, la mauvaise foi est une *conduite* qui consiste à se mentir à soi-même. Parmi les différents exemples de conduites de mauvaise foi exposés dans *L'Être et le néant*, nous pouvons privilégier celui de la femme frigide que Sartre, non sans humour et sans malice, emprunte à l'un des premiers disciples de Freud, W. Steckel (1868-1940). À vrai dire, les recherches de ce dernier l'intéressent d'autant plus que, psychanalyste dissident, Steckel renonce finalement à l'hypothèse freudienne de l'inconscient. Ainsi Sartre peut-il lire dans *La femme frigide* (1937) : « Ne croyez pas les malades. Soyez méfiants, sceptiques parce que vos clients sont de très bons acteurs, jouant la comédie devant le médecin, mais la jouant aussi vis-à-vis d'eux-mêmes ». En d'autres termes, la frigidité de certaines femmes n'est pas, contrairement à ce qu'elles prétendent parfois, un état physiologique qu'elles subissent ; elle ne relève pas non plus de la pure et simple comédie, comme on peut être tenté de le penser, car cela supposerait que ces femmes aient la claire conscience de ce qu'elles font ; mais la frigidité est une conduite de mauvaise foi, une conduite pathologique qui permet à la femme de fuir la jouissance que lui procure l'acte sexuel. Par exemple, elle fait les comptes du ménage *pour* ne pas ressentir de plaisir et se prouver qu'elle *est* frigide (EN, 89).

Il nous faut à présent comprendre à quelles conditions la conduite de mauvaise foi est possible. En effet, comment une femme peut-elle se mentir à elle-même au point de déplorer sa frigidité et de consulter un médecin, alors même qu'elle s'applique à fuir le plaisir qu'elle ne fuirait pas si elle ne l'éprouvait pas. Sartre répond : « Si la mauvaise foi est possible, à titre de simple projet, c'est que, justement, il n'y a pas de différence si tranchée entre être et n'être pas, lorsqu'il s'agit de mon être ». En d'autres termes, si la femme frigide peut former le projet d'être frigide, c'est fondamentalement parce que le plaisir qu'elle fuit est un vécu qui n'a pas la consistance ontologique de la chose en soi. En effet, éprouver du plaisir implique la conscience d'éprouver du plaisir et donc d'emblée une distance du sujet par rapport au plaisir qu'il éprouve et qu'il n'est pas. On voit tout de suite ce qui sépare le plaisir, c'est-à-dire la conscience du plaisir, et la chose en soi : alors que la chose en soi *est ce qu'elle est*, la conscience du plaisir ou pour-soi *n'est pas le plaisir* qu'elle éprouve et qui est donc distinct d'elle. Toutefois, il va de soi que cette conscience du plaisir n'est pas totalement étrangère au plaisir puisqu'elle l'éprouve. On dira alors que la conscience du plaisir existe sur le mode de l'être qui n'est pas ce qu'il est et qui est ce qu'il n'est pas. Telle est la condition ontologique de la frigidité en tant que conduite de mauvaise foi (EN, 101-102).

Pour mieux comprendre ce dévoilement, grâce à l'analyse de la mauvaise foi, du mode d'être de la conscience, nous pouvons examiner la manière dont le sujet se rapporte à son propre passé ou à sa propre situation. En effet, quelle est la relation qui me lie à mon propre passé ? En un sens, je ne suis plus celui que j'étais. Mais inversement, je ne suis pas totalement étranger à celui que j'étais. C'est bien moi qui étais hier au lycée alors que je suis aujourd'hui à la maison. Il faut donc en conclure que le sujet est son passé sur le mode spécifique de l'être qui n'est pas ce qu'il est et qui est ce qu'il n'est pas. Certains sont néanmoins tentés de s'identifier à leur propre passé au point de prétendre être encore et toujours ce qu'ils ont été, alors que d'autres, en revanche, refusent leur propre passé et affirment qu'ils ne sont pas (ou plus) ce qu'ils étaient et, ce, à la manière dont la chaise *n'est pas* la table. Par exemple, face à un reproche, je soutiens ne plus être celui qui a commis l'acte en question. Je suis de mauvaise foi. Et nous comprenons que la condition ontologique de la mauvaise foi est à nouveau le mode d'être spécifique qui est le mien, c'est-à-dire d'un être qui n'est pas ce qu'il est et qui est ce qu'il n'est pas.

En effet, si j'étais mon passé à la manière dont une table est table, alors il me serait absolument impossible de prétendre n'être pas ce que j'étais. Inversement, je puis prétendre être ce que j'étais de sorte que je suis mon passé sur le mode de l'en-soi qui est ce qu'il est. Dans ce cas – comme ces combattants de la première guerre mondiale ou ces lauréats des concours de la république qui le sont restés jusqu'à la fin de leurs jours –, je suis de mauvaise foi au point de nier la distance temporelle qui me sépare de ce que j'étais. Il en va de manière analogue dans le rapport que certains entretiennent avec leur profession, les uns s'efforçant de coïncider avec leur être social tandis que d'autres le fuient. Ainsi le garçon de café joue à *être* garçon de café (EN, 94). Il voudrait être garçon de café en soi et non garçon de café pour soi. Nous retrouvons dans ces différents cas la structure ontologique de la mauvaise foi : refuser d'être ce qu'on est sur le mode spécifique qui est celui de la conscience, à savoir n'être pas ce qu'on est et être ce qu'on n'est pas.

Ainsi, comme l'explicitation des conduites de mauvaise foi, dont elle constitue la condition de possibilité, permet de le comprendre, l'impossibilité de coïncider avec soi, c'est-à-dire d'être ce qu'elle est, constitue le mode d'être de la conscience. En effet, si toute conscience est conscience de quelque chose, elle est en même temps et nécessairement conscience (de) soi. Autrement dit, toute conscience est conscience de quelque chose tout en étant « présence à soi ». Or, la présence à soi implique une certaine dualité et comme un « décollement de l'être par rapport à soi ». La question est alors de savoir ce qui peut bien séparer le sujet de lui-même et constituer cette distance sur fond d'unité que manifeste la présence à soi. Cela ne saurait être un quelque chose qui serait de l'ordre de l'en-soi. Il ne peut s'agir, à vrai dire, que d'un rien, d'un négatif pur, c'est-à-dire d'un néant d'être. Ainsi, la description ontologique du *cogito* nous révèle que le mode d'être de la conscience résulte d'un acte néantisant premier ou, si l'on préfère, que la conscience surgit à l'être par une sorte de décompression d'être. La spontanéité de la conscience ne désigne rien de moins que cette néantisation première « par quoi l'en-soi se dégrade en présence à soi » (EN, 115). Telle est, selon Sartre, la structure ontologique première du sujet que permet d'établir un *cogito* purifié.

Une liberté absolue ?

Sans aucun doute, la liberté constitue avec la contingence l'une des déterminations fondamentales du sujet sartrien. Mais Sartre ne se contente pas, comme bien d'autres, d'affirmer l'irrécusable liberté du sujet. L'auteur de *L'Être et le néant* s'oppose, en effet, non seulement aux conceptions déterministes de l'existence mais également aux descriptions traditionnelles du libre arbitre qui masquent la puissance de bouleversement de la liberté humaine, son « pouvoir cataclysmique » (EN, 77). C'est pourquoi *L'Être et le néant* dénonce chez Bergson cette conception rassurante d'une liberté qui engendre ses actes comme un père ses enfants et qui manque alors la véritable « donnée immédiate » de notre liberté. Quelle est donc cette liberté sartrienne qui paraît rivaliser avec la liberté divine ? Une telle liberté n'est-elle pas démesurée ? Quelles en sont les limites ?

Nous savons que nous sommes libres et nous en avons avec l'angoisse une attestation privilégiée. En d'autres termes, le sujet éprouve dans l'angoisse que, loin d'être soumis à un quelconque déterminisme, il est irrémédiablement libre. Encore faut-il ne pas confondre la peur et l'angoisse. À la différence de la peur que provoque un animal ou un danger quelconque, l'angoisse a une signification ontologique : « Dans l'angoisse, la liberté s'angoisse devant elle-même en tant qu'elle n'est jamais sollicitée ni entravée par *rien* » (EN, 70). Afin d'expliciter ce point, reprenons l'exemple du vertige. Premier temps : « Je suis sur un sentier étroit et sans parapet qui longe un précipice. Le précipice se donne à moi comme *à éviter*, représente un danger de mort. En même temps je conçois un certain nombre de causes relevant du déterminisme universel qui peuvent transformer cette menace de mort en réalité [...]. À ce moment apparaît la *peur* qui est saisie de moi-même à partir de la situation comme transcendant destructible ». Deuxième temps : « La réaction sera d'ordre réflexif : je "ferai attention" aux pierres du chemin, je me tiendrai le plus loin possible du bord du sentier ». Troisième temps : « Mais ces conduites, précisément parce qu'elles sont mes possibilités, ne m'apparaissent pas comme déterminées par des causes étrangères ». Il m'est toujours possible de ne pas faire attention aux pierres du chemin, de courir, de penser à autre chose ou encore de me jeter dans le précipice. C'est alors que surgit l'angoisse : « je m'angoisse parce que mes conduites ne sont que possibles » (EN, 65-66). En d'autres termes, je découvre dans l'angoisse qu'il ne tient qu'à moi de faire attention ou de ne pas faire attention, de m'éloigner du précipice ou de m'en approcher. Je suis libre. Cette appréhension de la liberté est ici purement empirique. À travers l'angoisse est donné le *fait* de la liberté.

Aussi est-ce avec la notion de choix que la liberté entre véritablement en scène. En effet, qu'est-ce que la liberté sinon la liberté d'un choix ? La liberté sartrienne, parce qu'elle n'est pas un pouvoir indéterminé qui préexisterait à son actualisation, se confond avec le choix sans lequel elle demeure une abstraction : elle ne peut être qu'en choisissant. Et nous avons vu à travers l'épreuve de l'angoisse que ce choix s'accomplit de manière rigoureusement inconditionnée. Objection : le choix peut-il être inconditionné s'il répond à une motivation involontaire ? Peut-on soutenir qu'on choisit de haïr, de tomber amoureux, d'avoir peur ou d'être homosexuel ? Sartre semble faire bon marché de tout ce qui relève, aux yeux de la tradition, des passions de l'âme, et qui ne dépend vraisemblablement pas de la libre volonté du sujet. Cependant, comme nous allons le voir à présent, de telles objections manquent précisément l'originalité de la conception sartrienne qui entend redéfinir la liberté indépendamment de l'opposition du volontaire et de l'involontaire, et qui tient même l'acte volontaire pour une manifestation dérivée voire dégradée de la liberté (EN, 495).

Examinons tout d'abord le cas de la motivation. Traditionnellement, les motifs désignent les raisons d'un acte, l'ensemble des considérations rationnelles qui le justifie. En 496, par exemple, Clovis embrasse la foi chrétienne afin d'obtenir l'appui de l'épiscopat et d'assurer ainsi sa conquête de la Gaule. Si nous analysons l'acte de Clovis, le motif de la conversion réside dans la puissance de l'Église catholique et présente un caractère objectif lié à l'état politique et religieux de la Gaule d'alors. Il ne faut toutefois pas se laisser tromper par le caractère objectif du motif car, comme l'écrit Sartre, « cette appréciation objective ne peut se faire qu'à la lueur d'une fin présupposée et dans les limites d'un projet du pour soi vers cette fin » (EN, 490). En d'autres termes, s'il est vrai que les motifs sont objectifs, il n'y a cependant de motifs qu'à partir du projet de Clovis de conquérir la Gaule ; et c'est à la lumière de cette fin que l'appui de l'épiscopat se manifeste comme moyen en vue d'une fin. Bref, de même que le sens d'une situation est inséparable du projet de la conscience qui l'éclaire, il n'y a pas de motif indépendamment du *libre* projet de la conscience. Le motif ne saurait donc être par lui-même la cause du choix.

Le caractère involontaire de ce qu'on dénomme les passions de l'âme peut être de même aisément dissipé. Qu'est-ce en effet que l'émotion sinon, comme le montre Sartre dans son *Esquisse d'une théorie des émotions*, une conduite que le sujet choisit d'adopter dans certaines circonstances ? En opposition radicale à l'idée même de passion, Sartre écrit dans *L'Être et le néant* : « Ma peur est libre et manifeste ma liberté, j'ai mis toute ma liberté dans ma peur et je me suis choisi peureux en telle ou telle circonstance ; en telle autre j'existerai comme volontaire et courageux et j'aurai mis toute ma liberté dans mon courage » (EN, 489). Pour comprendre de telles affirmations, il suffit d'admettre que l'émotion est une conduite dite magique qui répond à un but, une finalité, de telle sorte que « dans l'émotion, c'est le corps qui, dirigé par la conscience, change ses rapports au monde pour que le monde change ses qualités » (*Esquisse*, 44). Contrairement à Descartes ou à Ricœur, Sartre rejette toute idée d'action du corps sur l'âme dans l'émotion. Le tremblement du corps dans la colère ou dans la peur relève non d'un involontaire auquel la volonté devrait s'efforcer de faire obstacle mais, ni volontaire ni involontaire, le tremblement participe d'une libre conduite intentionnelle.

Si la liberté sartrienne déborde les limites du volontaire et recouvre également le champ de ce que l'on tient habituellement pour involontaire, faut-il alors en conclure qu'elle est rigoureusement sans limite ? Sartre ne manque pas de se faire lui-même l'objection : puis-je choisir d'être grand si je suis petit, d'avoir deux bras si je suis manchot ? Il y a tout d'abord pour la conscience un *fait* de son existence dont Sartre ne cesse de rappeler le caractère contingent et qu'il désigne, empruntant le concept à Heidegger, du terme de facticité. De même, il y a une facticité de la liberté et nul ne choisit d'être libre. Ainsi la facticité de la liberté désigne tout d'abord le fait que la liberté existe, s'exerce dans un monde donné sans qu'elle l'ait choisi. Mais elle englobe également tout le donné auquel se rapporte la liberté et qu'elle n'a originairement nullement choisi. « Ce que nous avons appelé facticité de la liberté, écrit Sartre, c'est le donné qu'elle a à être et qu'elle éclaire de son projet » (EN, 534). C'est donc en détaillant les différents aspects de ce donné que nous pouvons espérer saisir plus concrètement les limites que la liberté rencontre en surgissant dans le monde.

Par exemple, la liberté ne pouvant survoler le monde, il lui faut donc occuper une place à partir de laquelle elle se rapporte au monde. Or je n'ai choisi ni de naître ni le lieu de ma naissance et tout ce qui lui est lié. Il semble alors que, loin de *prendre* place, je *reçoive* ma place, et que je tienne là enfin une limite irrécusable de ma liberté. Cependant, si je reçois bien de mes parents la place qui est la mienne, il est vrai également que je choisis et prends place. Car cette place, je ne me contente pas de l'exister, c'est-à-dire de la vivre purement et simplement, indépendamment de tout projet comme une huître sur son rocher. Au contraire, elle apparaît comme ma place à la lumière de ma libre transcendance s'élançant vers une fin, et c'est à partir de cette fin que ma place prend sa signification. C'est ce qu'illustre le mot rapporté par Sartre d'un émigrant pour l'Argentine. Comme on lui faisait observer que l'Argentine était « bien loin ». Il demanda : « loin de quoi ? ». En d'autres termes, éloignement et proximité ne sont pas des données qui s'imposent à une liberté, mais des significations que révèle le libre projet qui les engendre. Il revient donc à la liberté de « prendre » la place qu'elle « reçoit » et de « créer » les obstacles comme les distances dont elle souffre : c'est en faisant de Paris son lieu naturel que la liberté envisage l'Argentine comme une terre d'exil. Le sujet est donc *en un sens* responsable de sa place.

L'Être et le néant nous offre une analyse analogue du rapport de la liberté à son propre passé, et nous retrouvons alors cet entrelacement de la transcendance et de la facticité, aperçu à propos de la place qui est, comme nous l'avons vu, tout à la fois reçue et prise par le sujet. Il en va de même des autres aspects de la facticité tels que les entours, le prochain et la mort : aucun d'entre eux ne saurait en lui-même constituer une limite de la liberté dans la mesure où celle-ci lui donne son sens. Mais rien ne saurait mieux témoigner de la puissance de cette liberté que ses relations avec le vrai et le bien. Car il revient à la liberté de décider du vrai et du bien, comme le montre Sartre dans le texte posthume *Vérité et existence*. Par exemple, je comprends l'état de la France, de mon parti politique, de mon groupe confessionnel à partir de ce que je voudrais qu'il soit. Ma compréhension de la vie politique française est donc bien inséparable de mon libre engagement. Cette

relativité de la vérité à la liberté se rencontre également
en physique où l'hypothèse et le dispositif expérimental
sont construits par le savant qui ne voit rien qu'il n'ait
d'abord prévu. De ce point de vue, l'hypothèse est une
libre conduite anticipatrice et révélatrice de l'objet
envisagé. La science n'est donc pas une contemplation
passive de son objet, et le fondement de toute révélation
d'être est la liberté en tant que projet et anticipation de
l'être (VE, 39 *sq.*). Il en va de même des valeurs en tant
qu'exigences constituant un système hiérarchisé d'objets
idéaux. Comme le révèle l'angoisse éthique, « ma liberté
est l'unique fondement des valeurs ». En d'autres termes,
les valeurs sont dépourvues de fondements rationnels
ou religieux, et il faut reconnaître l'idéalité des valeurs,
c'est-à-dire leur caractère subjectif. Ainsi les valeurs
trouvent leur fondement ontologique dans la réalité-
humaine en tant que libre transcendance qui dépasse ce
qui est vers ce qui n'est pas et auquel la liberté confère
du même coup une valeur. Il en résulte que rien ne peut
justifier l'adoption de telle ou telle échelle de valeurs et
que l'homme, en tant qu'être par qui les valeurs existent,
est injustifiable. L'angoisse éthique n'est rien d'autre que
la reconnaissance de cette injustifiabilité de la liberté et
de la contingence des valeurs (EN, 73, 129).

Source du vrai comme du bien, maîtresse de ses fins
comme de ses motivations, la liberté sartrienne semble
n'avoir d'autre limite qu'elle-même, c'est-à-dire que sa
propre facticité : nul ne choisit de choisir. Cependant,
soyons juste. Tout d'abord, Sartre n'a jamais prétendu
que la liberté humaine était infinie. Il rappelle à plusieurs
reprises que l'homme est une réalité finie, non pas en
raison de sa mortalité mais parce que l'acte même de
liberté est « assomption et création de finitude » (EN,

590). En d'autres termes, toute liberté est nécessairement finie dans la mesure où l'élection d'un possible implique la néantisation de tous les autres : choisir, c'est nécessairement renoncer. Lire tel livre de tel auteur, c'est renoncer à lire les autres livres de cet auteur comme des autres auteurs ainsi que renoncer au même moment à d'autres activités. Plus généralement, en dépassant le monde, la transcendance doit nécessairement choisir *une* manière de le dépasser, et la finitude est « la condition nécessaire du projet originel du pour-soi » (EN, 366). Bref, nous n'avons qu'une vie. Ainsi, non seulement je n'ai pas le choix du choix mais en outre je n'ai droit qu'à un seul choix : telle est, selon Sartre, la véritable limite ou finitude de ma liberté.

En outre et surtout, qui veut prendre une juste mesure de la conception sartrienne de la liberté doit considérer l'ensemble de son œuvre, et ne pas s'en tenir à la lecture de *L'Être et le néant* voire de *L'Existentialisme est un humanisme*. Si Sartre semble ignorer en 1943 le poids des conditions matérielles, économiques et sociales, il en va tout autrement, quelques années plus tard, lorsque réfléchissant sur les conditions de l'historicité de l'homme, il entreprend d'établir les éléments d'une anthropologie historique. Comme nous allons le voir, le sujet de la *Critique de la raison dialectique* demeure ontologiquement libre mais, dans sa confrontation à la matière ouvrée et socialisée, sa *praxis* se métamorphose en activité passive prédéterminée qui est la négation de la liberté (pratico-inerte). Il faut alors comprendre de quelle manière, concrètement, le sujet peut devenir « le produit de son produit » (CRD, 295-296).

UNE PHILOSOPHIE DE L'HISTOIRE

De l'existentialisme au marxisme

À la différence de Merleau-Ponty qui s'en éloigne, Sartre se convainc progressivement qu'aucun projet politique de gauche ne peut aboutir sans les communistes. À partir de 1952, il devient, selon une expression consacrée, « compagnon de route » du P.C.F. Il lui faut alors, d'un point de vue philosophique, se situer par rapport à cette pensée marxiste, qui sous-tend l'action politique du P.C.F. L'entreprise ne va nullement de soi. En effet, passées ses premières réticences, Sartre s'est posé explicitement, lors de sa conférence de 1945, reprise dans *L'Existentialisme est un humaniste*, en philosophe existentialiste athée. Comment, dans ces conditions devenir marxiste tout en restant existentialiste ? Les deux étiquettes sont-elles compatibles ? Comme nous allons le voir, Sartre se lance au cours des années cinquante dans une vaste entreprise philosophique, inséparable de son engagement politique, qui vise rien de moins qu'à assurer au marxisme un véritable fondement philosophique : l'existentialisme.

Existentialisme, marxisme et raison dialectique

La *Critique de la raison dialectique* s'ouvre sur cette vaste question : « Avons-nous aujourd'hui les moyens de constituer une anthropologie structurelle et historique ? » (CRDI, 14). En d'autres termes, est-il possible d'élaborer une anthropologie philosophique qui serait en mesure, à la fois, de fixer les structures invariables de l'existence ainsi que les conditions de son historicité ? Immédiatement après avoir formulé cette question, Sartre établit le cadre théorique de sa réponse. En effet, il va pour lui de soi que la réponse à cette question doit être et ne peut être élaborée qu'à l'intérieur de la philosophie marxiste et, ce, pour la simple raison qu'il tient désormais le marxisme pour « l'indépassable philosophie de notre temps ». Dire que cette dernière déclaration dérouta bien des contemporains et fit couler beaucoup d'encre est un euphémisme. Pour Raymond Aron (1905-1983), aucun doute n'est permis, Sartre « déconne ». Et il ajoute : « vue de Harvard ou d'Oxford, la philosophie d'aujourd'hui est analytique et nullement marxiste » (*Mémoires*, p. 820). Difficile, rétrospectivement, de lui donner tort sur ce point. Mais, quitte à reconnaître l'irréalité de la thèse sartrienne, comprenons bien ce qu'elle signifie.

D'une part, Sartre est loin d'ignorer tout ce qui s'écrit par ailleurs, c'est-à-dire en dehors des cercles marxistes. Simplement, son interlocuteur privilégié est désormais, non plus Husserl ou Heidegger, mais Marx dont la pensée a été, selon lui, appauvrie, caricaturée, stérilisée par les marxistes eux-mêmes et à laquelle il est nécessaire philosophiquement, parce qu'urgent socialement et politiquement, de redonner toute sa puissance révolutionnaire. D'autre part, il ne s'agit pas de tenir le marxisme pour l'alpha et l'oméga de la philosophie en général : l'affirmation sartrienne ne concerne que « notre temps », au sens de notre époque. Elle s'inscrit, par conséquent, dans une philosophie de l'histoire que l'on peut qualifier d'hégéliano-marxiste, comme en témoigne le concept, emprunté à la dialectique hégélienne et repris par le marxisme, de dépassement (*Aufhebung*), selon lequel ce qui est « dé-passé » appartient au passé, tout en étant d'une certaine manière conservé. De ce point de vue, la pensée de Marx correspond à la « totalisation du Savoir », au sens où elle permet l'unification en un tout cohérent, systématique, des différentes connaissances du moment. Et cette totalisation est dite indépassable aussi longtemps que les circonstances historiques qui l'ont engendrée ne sont pas encore dépassées (QM, 44). Car notre époque est, pour Sartre comme pour ses contemporains marxistes, marquée par l'essor de la classe ouvrière ou prolétariat, qui est historiquement appelée à renverser la domination de la bourgeoisie et à instaurer de nouveaux rapports de production. Ainsi tant que la classe ouvrière ne se sera pas emparée du pouvoir aussi bien économique que politique et spirituel, le marxisme demeurera l'indépassable philosophie de notre temps.

Mais si tel est le cas, que reste-t-il de l'existentialisme ? Quelle place ce courant de pensée conserve-t-il dans le cadre du marxisme en tant que Savoir ? Dans *Questions de méthode*, texte repris en 1960 en ouverture de la *Critique de la raison dialectique*, Sartre consacre une bonne quarantaine de pages à cette question et, de manière quelque peu déroutante, envisage l'existentialisme comme « un système parasitaire qui vit en marge du Savoir » (QM, 14). De ce point de vue l'existentialisme chrétien serait une simple « idéologie », et Kierkegaard (1813-1855), que l'on considère comme le premier existentialiste, aussi bien que Jaspers (1883-1969), qui n'aurait « rien fait que de commenter son maître », seraient des idéologues dont les œuvres n'ont donc qu'une signification marginale par rapport à celles de Hegel et de Marx. Cependant, on ne peut en dire autant de l'existentialisme athée que représentent Sartre et « un certain nombre d'idéologues » (QM, 231). Car cet existentialisme-là est contemporain d'une crise profonde du marxisme, qui est liée à la construction du socialisme dans un seul pays, l'U.R.S.S., et qui est marquée par une scission de la théorie et de la pratique, telle que le marxisme est devenu un « Savoir pur et figé », coupé de la réalité dont il prétend détenir *a priori* l'explication (QM, 34). C'est pourquoi l'existentialisme a désormais un rôle décisif à jouer. Son souci du concret, des hommes réels avec leurs travaux et leurs peines, lui permet de poser la question de l'homme, à laquelle le marxisme, qui en a désormais une idée totalement stéréotypée, n'est plus capable de répondre. Mieux : la renaissance de l'existentialisme au XXᵉ siècle est mise explicitement par Sartre en relation avec l'expulsion de l'homme du Savoir marxiste. Il revient ainsi à l'existentialisme d'offrir au marxisme la possibilité de renouer avec l'expérience et de retrouver toute sa fécondité révolutionnaire. On voit ainsi comment Sartre, tout en accordant à son œuvre une position relative par rapport au marxisme ne lui en confère pas moins une signification historique décisive : de l'existentialisme dépend le salut du marxisme.

On pourrait à dire vrai se demander ce que Sartre peut bien trouver au marxisme au point d'y faire pour ainsi dire allégeance. On répondra sans hésiter : une conception de l'histoire *alias* le matérialisme historique, qu'il tient – sans discussion possible – pour scientifique. Plus précisément, Sartre fait sienne la conception matérialiste de l'histoire selon laquelle, comme l'écrit Engels dans une lettre célèbre, ce sont « les hommes qui font leur histoire eux-mêmes mais dans un milieu donné qui les conditionne, sur la base de conditions réelles antérieures, parmi lesquelles les conditions économiques […] n'en sont pas moins, en dernière instance, les conditions déterminantes » (QM, 45-46). En d'autres termes, si ce sont bien les hommes qui font l'histoire, car sans les hommes et leurs actions il ne saurait y avoir d'histoire, cela ne signifie pas que l'histoire soit le pur et simple fruit de la libre volonté humaine. Les hommes font l'histoire sur la base de conditions réelles antérieures. Et parmi ces conditions antérieures, il convient d'accorder aux conditions économiques, par rapport aux conditions politiques et idéologiques, et conformément au concept juridique de « dernière instance », la place de conditions déterminantes (QM, 46).

Cette conception de l'histoire, Sartre la trouve avant tout chez Marx, qui en est à vrai dire le véritable concepteur, lorsqu'il soutient dans *Le Capital*, contre Hegel et l'idéalisme hégélien, que « le mode de production de la vie matérielle domine en général le développement de la vie sociale, politique et intellectuelle ». C'est donc dans les moyens de production, c'est-à-dire les savoirs et les techniques dont les hommes disposent pour satisfaire leurs besoins, et dans les rapports sociaux de production qui leurs sont liés, comme l'esclavage par exemple, qu'il convient de chercher l'origine de la vie spirituelle au sens le plus large, qui est pour ainsi dire le « reflet » de la vie matérielle. Mais Sartre ajoute immédiatement, corrigeant ce faisant cette métaphore par trop mécanique du reflet : « et nous ne pouvons concevoir ce conditionnement sous une autre forme que celle d'un mouvement dialectique (contradictions, dépassement, totalisations) » (QM, 49). Apparaît ici la notion décisive de dialectique – qu'ignore totalement *L'Être et le néant,* quand bien même Sartre y reprendrait l'opposition hégélienne de l'en-soi et du pour-soi – qui va désormais régir le mode de pensée sartrien.

Qu'est-ce que la dialectique et, plus précisément, qu'est-ce que la dialectique pour Sartre? En aucun cas ce qu'on résume parfois scolastiquement sous la forme : thèse, antithèse, synthèse. Mais, bien plutôt, une certaine manière d'appréhender la réalité-humaine. Autrement dit, adopter un point de vue dialectique, délaisser la raison analytique au profit d'une raison dialectique, signifie tout d'abord prendre une attitude totalisante par rapport à ce qui est étudié. Car, comme Sartre l'écrit déjà en 1946, « le ressort de toute dialectique, c'est l'idée de totalité » (SIII, 145). Par exemple, à rebours d'une conception analytique de la Révolution Française, typique de l'historiographie dite bourgeoise, il faut saisir la Révolution française comme l'unité d'une totalisation en cours, c'est-à-dire comme le développement d'un processus et non comme la résultante d'une pluralité de facteurs indépendants que dévoile l'analyse de la situation : crise financière, chômage, pénurie, faiblesse du roi, etc. Toutefois, il ne faut pas faire de la dialectique « une loi céleste » qui s'impose *de l'extérieur* à l'univers et à l'histoire, ou encore une « loi d'être qui est au-dessus de tout être » et que l'on pourrait retrouver, comme le pense Engels, dans la nature elle-même. Mais elle doit être cherchée dans le rapport des hommes avec la nature et dans les relations des hommes entre eux.

Car la dialectique est avant tout, pour Sartre, la logique vivante de l'action créatrice. Ainsi trouve-t-elle son fondement dans l'être de la *praxis* et se décompose en trois moments distincts : la contradiction, le dépassement, la totalisation. Comme l'écrit Sartre : « Le seul fondement concret de la dialectique historique, c'est la structure dialectique de l'action individuelle ». En d'autres termes, l'Histoire est dialectique dans la mesure où toute la dialectique historique repose sur « la *praxis* individuelle en tant que celle-ci est déjà dialectique, c'est-à-dire dans la mesure où l'action est par elle-même dépassement négateur d'une contradiction, détermination d'une totalisation présente au nom d'une totalité future, travail réel et efficace de la matière ». C'est dans cette perspective que Sartre reconnaît à Marx l'insigne mérite d'avoir, selon une formule célèbre, « remis la dialectique sur ces pieds ». Ce qui signifie que contrairement à l'idéalisme hégélien qui assimile la dialectique au mouvement spontané de l'Esprit, la dialectique chez Marx se confond avec « le dur labeur de l'homme pour s'insérer dans un monde qui le refuse ».

Que reste-t-il alors du *cogito* et de la réflexion pure ? Sartre aurait-il complètement oublié ses premiers acquis en phénoménologie ? Il n'en est rien, et si Sartre élabore de nouveaux concepts, à commencer par ceux de *praxis* et de raison dialectique, il les réinscrit lui-même dans la continuité de ses premiers travaux. En effet, dans la continuité de Descartes et de la phénoménologie husserlienne, la *Critique*, encore et toujours, tient pour vrai ce qui se donne à voir avec évidence. Le point de départ de toute pensée ne peut être alors que le *cogito* en tant qu'expérience ou évidence première. C'est dans cette perspective que la *Critique* élabore la notion *d'expérience critique* dont le point de départ épistémologique doit toujours, écrit Sartre, « être la *conscience* comme certitude apodictique (de) soi et comme conscience *de* tel ou tel objet » (CRDI, 167). Cette expérience n'est rien d'autre que la *praxis* telle qu'elle se dévoile à elle-même avec évidence dans la réflexion. Sur elle repose la légitimité de l'anthropologie structurelle et historique dont Sartre entend jeter les fondements dans la *Critique de la raison dialectique.* Aussi Sartre lui consacre-t-il la deuxième partie de l'introduction sous le titre : « Critique de l'expérience critique ». Le terme critique doit être ici entendu en son sens étymologique : séparer le vrai du faux et, par suite, en son sens kantien : déterminer le fondement et les limites de la raison qui est, en l'occurrence, raison dialectique (CRDI, 166).

Prolégomènes à toute anthropologie future

L'ambition de Sartre est de rédiger ce qu'il appelle lui-même, en référence à Kant et ses *Prolégomènes à toute métaphysique future* de 1783, des « Prolégomènes à toute anthropologie future » (CRDI, 180), auxquels il revient donc d'exposer les principes de notre connaissance de l'être humain. On se souvient que Kant dans *La Logique* ramène le domaine de la philosophie à quatre questions fondamentales : que puis-je savoir ? que dois-je faire ? que m'est-il permis d'espérer ? qu'est-ce que l'homme ? tout en précisant qu'au fond, on pourrait tout ramener à l'anthropologie, puisque les trois premières questions se rapportent à la dernière. Sartre tient également la question : qu'est-ce que l'homme ? pour la question philosophique par excellence au point d'affirmer en 1966 que « le champ philosophique, c'est l'homme » dans la mesure où « tout autre problème ne peut être conçu que par rapport à l'homme » (SIX, 83).

Cette conception, en dépit de ses lettres de noblesse kantienne, ne va pas de soi. Il ne s'agit évidemment pas pour Sartre de réintroduire subrepticement l'idée de nature humaine, idée que Sartre, rejette avec force dans *L'Être et le néant* comme dans *L'Existentialisme est un humanisme.* Dans ce dernier texte, il soutient – et la formule est presque devenue un slogan – que

« l'existence précède l'essence » (EH, 17). Ce qui signifie
que, contrairement, à un coupe-papier ou à n'importe
quel objet produit par l'homme, qui a été fabriqué à partir
d'une idée ou concept, et dont l'existence correspond
nécessairement à son essence, au sens où le coupe-papier
est ce qu'il est, il est en-soi, et ne peut être autre chose
qu'un coupe-papier, l'homme existe en fonction de
possibilités qu'il lui revient d'assumer librement : avoir
des enfants, ne pas en avoir, travailler, ne pas travailler,
aimer ses proches, ne pas les aimer, etc. et ce n'est qu'au
terme de son existence qu'il est possible de dire ce qu'il a
été : s'il a été bon ou mauvais père de famille, travailleur
ou paresseux, intelligent, sensible, etc. Bref, il n'y a pas
une nature humaine qui fixerait par avance la manière
dont l'homme existe.

À vrai dire, en rejetant l'idée de nature humaine et
l'ontologie qui la sous-tend, Sartre fait sienne la thèse de
Heidegger selon laquelle l'homme n'est ni ceci ni cela
dans la mesure où l'être humain, mieux : le *Dasein* se
caractérise par des possibilités de telle sorte qu'il est un
être qui a à être, c'est-à-dire, comme l'écrit Heidegger,
un *Zu-sein*. Par exemple, il revient à chacun de faire
face à la mort ou bien de la fuir, de choisir l'authenticité ou l'inauthenticité, etc. Cependant, contrairement
à Heidegger qui a consacré toute son œuvre à la question
de l'être, la perspective de Sartre est fondamentalement
anthropologique : son ontophénoménologie, comme
nous l'avons vu, se limite à l'explicitation des structures
d'être de l'en-soi et du pour-soi alors que pour Heidegger
l'analytique du *Dasein* n'a qu'une valeur préparatoire et
ne prend sa pleine signification qu'en vue de la question
de l'être en général ou *Seinsfrage*. C'est contre cette
même perspective anthropologique que se construit

philosophiquement la génération suivante qui annonce, et nous pensons notamment à Michel Foucault, la mort de l'homme avec celle de Dieu. Ainsi Foucault soutient-il en 1966 que l'homme est « une invention dont l'archéologie de notre pensée montre aisément la date récente », et conclut *Les Mots et les choses* en écrivant que l'homme s'effacera « comme à la limite de la mer un visage de sable » (*Les Mots et les choses*, 398).

S'il faut établir en quelques mots les éléments ou premiers principes de cette anthropologie sartrienne, dont nous verrons la dimension historique dans le chapitre suivant, nous pourrions prendre pour point de départ la définition de l'homme comme un être de besoins dont la *praxis* est confrontée à un univers dominé par la rareté. En effet, à la différence de *L'Être et le néant*, la *Critique de la raison dialectique* envisage l'homme sous l'angle de la *praxis*, c'est-à-dire en tant que sujet agissant – *pratein* signifie en grec agir – et transformant son environnement en fonction d'une fin. Cette action peut être celle d'un individu mais également celle d'un groupe qui poursuit un but commun, et elle est alors la *praxis* commune possédant une intelligibilité spécifique. En tant qu'action d'un libre organisme pour satisfaire ses besoins, la *praxis* n'est rien d'autre « que le rapport de l'organisme comme fin extérieure et future à l'organisme présent comme totalité menacée » par la mort (CRDI, 197). Elle a donc un caractère téléologique puisqu'elle vise la conservation de l'organisme lui-même. En reconnaissant une place fondamentale à la *praxis*, Sartre reprend à sa manière l'un des concepts centraux des *Thèses sur Feuerbach*, rédigées par Marx en 1845, qui, contre le primat de l'activité théorique considérée comme seule authentiquement humaine, affirment le primat de la pratique. Ainsi, dans la huitième thèse, Marx soutient que « toute vie sociale est essentiellement pratique ».

Mais l'activité humaine ou *praxis* ne prend sa pleine signification qu'en fonction de ce qui manque à un organisme et qui met sa vie en danger, c'est-à-dire le besoin dont la faim est pour Sartre le paradigme. De ce point de vue, le besoin institue le premier rapport de l'homme à la réalité matérielle et la première contradiction entre l'organique et l'inorganique dont dépend l'organique dans son être soit directement (oxygène) soit indirectement (nourritures). Le besoin instaure en outre un rapport (doublement) totalisant : dans le besoin l'homme comme totalité organique se rapporte à l'ensemble matériel comme champ total des possibilités d'assouvissement du besoin (la nature). Enfin, en tant que manque au sein de l'organisme, le besoin est négation ; et il est, grâce à l'inorganique dont il se nourrit, négation de la négation, c'est-à-dire négation de ce manque et conservation de l'organisme. On peut alors comprendre la fameuse affirmation sur laquelle s'ouvre pour ainsi dire la *Critique de la raison dialectique* : « Tout se découvre dans le besoin ». Le besoin est cette expérience première à partir de laquelle surgit la *praxis* comme dépassement de la contradiction entre la totalité organique et l'environnement inorganique, par quoi l'organisme produit et reproduit sa vie.

Mais le besoin est également ce qui découvre à l'organisme une donnée fondamentale de la condition humaine, que Sartre dénomme la rareté et qui désigne le fait rigoureusement contingent « qu'il n'y en a pas assez pour tout le monde » (CRDI, 239). Qu'il s'agisse en effet de la nourriture mais aussi de l'eau, du logement, des soins médicaux, des places en crèches, du temps, de l'argent, etc. les hommes sont confrontés non pas à l'abondance mais à l'insuffisance systématique des ressources. Sartre constate de ce point de vue que les trois quarts de la population du globe sont sous-alimentés après des millénaires d'Histoire (CRDI, p. 235). Plus rigoureusement, la rareté est le fait quantitatif que « telle substance naturelle ou tel produit manufacturé existe, dans un champ social déterminé, en nombre insuffisant étant donné le nombre des membres des groupes ou des habitants de la région ». Sans doute la rareté est-elle variable selon la région et le moment historique mais elle n'en est pas moins un fait universel qui détermine la relation fondamentale de l'homme avec la nature et avec les autres hommes. De ce point de vue, les naufragés du *Radeau de la Méduse* peint par Géricault offrent l'image même de la condition dramatique des hommes. Cependant, Sartre envisage la possibilité que les transformations des rapports sociaux et les progrès techniques délivrent un jour l'homme du « joug de la rareté » (CRDI, p. 39).

En attendant, c'est la rareté qui impose à l'homme de gagner son pain à la sueur de son front, comme il est dit dans la *Genèse*; c'est de même la rareté qui conduit chaque société à « choisir ses morts et ses sous-alimentés », c'est-à-dire à déterminer lesquels seront sacrifiés afin que les autres puissent vivre (en refoulant par exemple les étrangers qui se pressent aux frontières). C'est encore la rareté qui fait de l'homme un ennemi de l'homme, ce que Sartre appelle un contre-homme de telle sorte que des relations humaines fondées sur la réciprocité se métamorphosent en relations inhumaines fondées sur la rupture de la réciprocité et sur la violence. C'est enfin la rareté qui rend l'histoire humaine possible.

« Toute l'aventure humaine – au moins jusqu'ici – est une lutte acharnée contre la rareté ». Notons au passage que, pour Sartre, l'homme est dans cette histoire fondamentalement innocent. Contrairement au récit de la *Genèse* qui rapporte l'exclusion d'Adam et Ève hors du paradis terrestre à une faute ou péché originel, la *Critique de la raison dialectique* excuse d'emblée la violence des hommes qui n'ont pas choisi de vivre dans un univers dominé par la rareté. Loin d'être mauvais ou méchant par nature, l'homme est un loup pour l'homme car il n'y en a pas assez pour tout le monde.

Reprenant ce qu'il dénomme lui-même un lieu commun de l'économie classique, représentée notamment par Adam Smith et Thomas Malthus (CRDI, 258), Sartre s'oppose ici à Marx et Engels auxquels il reproche de ne parler que fort peu de la rareté et dont les analyses laisseraient croire que toute société jouit toujours du nécessaire (compte tenu des instruments dont elle dispose et des besoins qui sont les siens) et que c'est le mode de production qui, à travers les institutions qu'il conditionne, engendre la rareté et les inégalités sociales. Pour Sartre, au contraire la rareté est absolument première et c'est dans le milieu de la rareté que s'opère la différenciation des fonctions de telle sorte qu'un groupe improductif comme le clergé dans l'Occident médiéval, qui est nourri si l'on peut dire à ne rien faire (prier), a pour condition la sous-alimentation des autres. Ainsi, le concept de rareté est la condition d'intelligibilité de la lutte des classes, c'est-à-dire de la transformation de la division sociale du travail, qui est une différenciation positive, en lutte des classes ou différenciation négative : sans la rareté, pas de luttes des classes, pas de contradiction et l'Histoire est inintelligible (CRDI, 235-237).

Cette notion de rareté a suscité bien des objections. Dans *Histoire et dialectique de la violence*, Raymond Aron met en question le caractère factuel de ce fait : loin d'être une donnée de fait, une détermination *a posteriori*, la rareté ne désigne-t-elle pas en réalité une détermination *a priori* de la condition humaine, mieux : une condition transcendantale à partir de laquelle il serait possible pour Sartre de déduire dans sa vérité non empirique l'histoire de l'humanité ? Cette interrogation peut en outre se nourrir de certains travaux anthropologiques qui, précisément, contestent la représentation dramatique de l'histoire humaine comme lutte acharnée contre la rareté. Marshall Sahlins, dans son essai de 1972 au titre éloquent : *Âge de pierre, âge d'abondance*, soutient que les sociétés paléolithiques et, plus précisément, les sociétés de chasseurs-collecteurs ignorent la rareté. À rebours de l'idée développée par l'anthropologie économique classique selon laquelle l'économie primitive est une économie de subsistance, c'est-à-dire une économie qui parviendrait tout juste, au prix d'un labeur incessant, à fournir aux hommes de quoi ne pas mourir de faim et de froid, Sahlins affirme qu'il s'agit là d'un mythe, que les chasseurs-collecteurs nomades travaillent peu, entre trois et quatre heures par jour, et vivent dans ce qu'il appelle « une économie d'abondance ». De ce point de vue, le phénomène de la rareté serait fondamentalement le fruit de l'économie de marché et se trouverait renforcé par les conditions de production en régime capitaliste.

Quoi qu'il en soit, la lutte des classes et l'histoire humaine demeurent pour Sartre rigoureusement incompréhensibles si l'on fait abstraction de la rareté. Ce qui ne signifie pas, toutefois, que l'homme puisse être défini par l'historicité. Il y a en effet, pour Sartre, contrairement à ce que soutient Lévi-Strauss dans *Races et histoire*, des sociétés sans histoire qui vivent sur le mode de la répétition. Aussi l'histoire est-elle une possibilité proprement humaine de vivre historiquement, c'est-à-dire en inventant de nouvelles manières de vivre, qui sont autant de « ruptures qui bouleversent parfois les sociétés dites à répétition » (CRD, 124 note 1).

Praxis, *pratico-inerte,*
classe, lutte des classes et Histoire

On connaît la thèse de Marx et Engels dans *Le manifeste communiste* (1848) : « L'Histoire de toute société jusqu'à nos jours est l'histoire de la lutte des classes. Homme libre et esclave, patricien et plébéien, baron et serf, maître de jurande et compagnon, en un mot oppresseurs et opprimés, en opposition constante, ont mené une guerre ininterrompue, tantôt ouverte, tantôt dissimulée, une guerre qui finissait toujours soit par une transformation révolutionnaire de la société tout entière, soit par la destruction des deux classes en lutte ». Commentant ces propositions, Sartre note tout d'abord que Marx expose sa théorie de la lutte des classes « comme une vérité très générale (et tirée de l'expérience) » (CDRI, 253). Il remarque également que Engels rajoute plus tard une note qui réduit la portée de l'affirmation de Marx à l'Histoire transmise par écrit. En outre, l'origine de cette lutte des classes reste obscure dans le marxisme, si ce n'est que Engels soutient que c'est la loi de la division du travail qui est à la base de la division en classes.

Or l'explication est, selon Sartre, manifestement fausse : « pourquoi, demande-t-il, la division du travail social qui est une différenciation positive se transforme-t-elle en lutte des classes, c'est-à-dire en différenciation *négative?* » Ne faut-il pas derechef introduire la notion de rareté en tant que principe d'intelligibilité du négatif? On comprend ainsi l'ambition de Sartre. Il ne lui suffit pas de répéter avec ses contemporains marxistes que « l'histoire de toute société jusqu'à nos jours est l'histoire de la lutte des classes » mais il lui faut au minimum expliciter une thèse qui, sinon, semble dépourvue de fondement. Il nous faut donc comprendre de quelle manière les hommes en viennent à constituer des classes sociales dont les intérêts sont contradictoires, et qui s'opposent dialectiquement les unes aux autres ; comment, dans certaines circonstances, des hommes parviennent à surmonter la séparation qui assure leur exploitation pour renverser la classe dominante et instaurer une nouvelle organisation sociale et économique ; bref, en quel sens la lutte des classes est le moteur de l'histoire.

Dans cette perspective, conformément au parti pris méthodologique de la *Critique de la raison dialectique*, il convient de repartir de la *praxis* individuelle en tant que « projet organisateur dépassant des conditions matérielles vers une fin et s'inscrivant par le travail dans la matière inorganique » (CRDI, 813). Comme nous l'avons vu, dans le contexte de la rareté, cette *praxis* individuelle se heurte nécessairement à d'autres *praxis* individuelles. Mais elle se heurte également à la matière en général. Car si l'homme s'efforce de dominer la matière, il est avant tout dominé par elle. Par exemple, et l'exemple est bien souvent repris par les commentateurs de Sartre, les paysans chinois ont pendant des siècles pratiqué le déboisement afin d'augmenter la surface de terre arable. Par suite, n'étant plus fixé par les arbres, le lœss des montagnes et des pénéplaines encombre les fleuves qui dès lors débordent et provoquent de terribles inondations. Ainsi l'action du paysan se retourne-t-elle contre lui, le paysan devient son propre ennemi, et la matière apparaît comme *praxis* renversée ou *antipraxis* (CRDI, 273). Nous retrouvons à vrai dire cette puissance sournoise de la matière dans les outils et les machines mêmes qu'inventent les hommes. Comme l'écrit Sartre : « dans l'outil le plus adéquat, le plus commode, il y a une violence cachée qui est l'envers de sa docilité » (CRDI, 293). Car l'outil comme n'importe quelle machine a ses propres exigences auxquelles les hommes qui les utilisent doivent se soumettre. Ce faisant, l'homme devient alors « le produit de son produit » (CRDI, 295).

Apparaît à ce stade de l'expérience critique la notion sartrienne de « pratico-inerte », notion décisive pour comprendre l'histoire des hommes, leur aliénation dans l'histoire et la métamorphose de la liberté en nécessité. D'une manière très générale, cette notion explicite le rapport des hommes à la matière ouvrée et socialisée (machine) en tant que leur activité ou *praxis* est soumise aux exigences de cette matière dont l'inertie est la caractéristique première. Leur libre *praxis* se métamorphose alors en actions prédéterminées : les hommes, si l'on peut dire, sont agis par les choses. Autrement dit, l'homme et son produit échangent leurs qualités : son activité devient passive tandis que la passivité de la matière ouvrée devient active (CRDI, 295-6). Or, comme nous allons le voir, cette notion est déterminante pour l'élaboration du concept de classe sociale. En effet, l'être des hommes (ouvriers et patrons), dont l'activité est dictée par une machine ou un complexe de machines, est un être fondamentalement aliéné, un être pratico-inerte tel que les hommes trouvent leur être hors d'eux-mêmes dans les machines. De ce point de vue, ce qu'on appelle l'intérêt, au sens où un homme recherche ou défend son intérêt, ne se confond nullement avec les objectifs ou les tâches que se donne une libre *praxis*, dans la mesure où l'intérêt est une spécification des exigences de la machine. L'intérêt apparaît à partir du moment où l'individu s'identifie à une chose, à la conservation ou au développement de laquelle il s'attache aux dépens du reste. Ainsi le patron s'attache à sa fabrique et, dans « son » intérêt, se bat pour sa conservation, voire son expansion (CRDI, 307).

Nous pouvons à présent esquisser une première définition de la classe sociale et de l'être-de-classe comme être pratico-inerte. En effet, il s'agit de cerner une réalité sociale spécifique, qui est décrite par Sartre à partir des notions corrélatives de collectif et de série. Qu'est-ce à dire ? Partons d'un exemple. Des hommes et des femmes attendent le bus et se tiennent à proximité de l'arrêt de bus. L'arrêt de bus, matérialisé par un panneau, est un *collectif*. Les personnes qui attendent le bus forment un ensemble auquel le collectif confère une certaine unité : si chacun ignore l'autre, cependant une certaine réciprocité demeure entre les membres de ce rassemblement (comme en témoigne le souci qu'a chacun de son apparence vestimentaire), qui ont un intérêt commun en tant qu'usagers de la ligne (ponctualité, confort, rapidité du bus, etc.) tout en étant confrontés à la rareté (des places assises, du nombre de bus, etc.), et qui sont unis de l'extérieur par l'arrêt de bus de la place. Ces hommes et ces femmes qui attendent le bus forment une *série* et la série est un mode d'être des individus, caractérisé par la solitude, la réciprocité, l'unification par l'extérieur et surtout *l'impuissance* : il faudrait qu'ils surmontent leur séparation liée à leur être sériel pour pouvoir lancer une action collective (CRDI, 364).

Il en va de même des lecteurs d'un journal, des employés d'une agence bancaire, des armateurs du port du Havre, etc. qui constituent des séries ou groupements que l'on peut à juste titre qualifier de groupements pratico-inertes dans la mesure où la libre *praxis* des individus est métamorphosée en actions prédéterminées. Il apparaît alors que le collectif, avec la série qu'il suscite, n'est pas simplement le mode d'être de certaines réalités sociales « mais il est l'être de la socialité même, au niveau du champ pratico-inerte » (CRDI, 440). Ainsi, une classe sociale telle que la classe ouvrière est tout d'abord une série dont les membres sont unis par les relations de production (salariat) en régime capitaliste. Toute la question est alors de comprendre comment les membres de ce collectif, qui sont séparés les uns des autres en raison de leur être sériel (ils sont notamment en concurrence sur le marché du travail, ce qui implique une méfiance réciproque, des jalousies, des coups bas, etc.), parviennent à surmonter leur séparation et leur impuissance sérielle, ce qu'on appelle parfois « la passivité des masses », pour découvrir leur véritable intérêt de classe et entrer en lutte contre la classe qui les exploite. En d'autres termes, comprendre comment des hommes parviennent à « s'arracher à l'*Être* en tant que celui-ci leur donne le statut de chose humaine », comment surgit « la classe sociale comme groupe de combat » (CRDI, 761). Nous nous contenterons d'esquisser la réponse sartrienne à cette question en reprenant l'analyse du groupe en fusion.

Comme son nom l'indique, le groupe en *fusion* implique une rupture avec la séparation qui domine la sérialité et se distingue par l'unité que les *praxis* individuelles qui le composent parviennent à réaliser. Le groupe en fusion se définit comme un rassemblement actif au sein duquel chaque *praxis* échappe à l'empire du pratico-inerte en s'associant aux autres en vue d'atteindre par une *praxis* commune un objectif commun. Tel est le cas de cette foule paradigmatique qui, le 14 juillet 1789, marche sur la Bastille. Dans ce groupe en fusion, chacun est le même que l'autre. Non pas au sens où dans la série chacun est autre que l'autre (un autre voyageur au pied de l'arrêt de bus), mais où chacun poursuit la même fin et partage la même *praxis* qui est alors une *praxis* commune. Cependant, cette identité ne saurait assurer l'unité du groupe qui doit sans cesse se totaliser et qui, par suite, suppose un tiers régulateur sous la forme, par exemple, d'un homme qui lance un mot d'ordre : « tous à la Bastille ». En outre, il faut comprendre par quel « miracle » la série parvient à se convertir en groupe, la multiplicité inerte en une unité active. Sans reprendre les longues analyses de la *Critique de la raison dialectique*, on peut retenir que l'événement-moteur, qui provoque ce que Malraux dans *L'Espoir* dénomme l'apocalypse, c'est-à-dire la dissolution de la série dans le groupe en fusion, et la déchirure du « collectif par l'éclair d'une *praxis* commune », est le danger (la famine, la banqueroute qui signifie à terme la famine, etc.) qui renvoie lui-même au besoin et à la conservation de l'organisme. Dans cette perspective, Sartre analyse minutieusement les événements qui séparent le 12 juillet du 14 juillet et au cours desquels le peuple de Paris, en état d'insurrection, alors que des troupes royales se rassemblent autour de Paris, incarne soudain une libre *praxis* révolutionnaire (CRDI, 455-468).

Deux remarques. Il nous faut souligner tout d'abord que dans cette présentation des conditions formelles de l'histoire nous avons laissé de côté tout ce qui mine la libre *praxis* du groupe dont la fusion est toujours menacée de refroidissement. C'est pourquoi la *Critique de la raison dialectique* envisage les différentes étapes possibles de la dissolution du groupe en fusion et sa retombée dans la sérialité. Ainsi Sartre distingue-t-il le groupe assermenté, le groupe organisé (l'organisation) et le groupe institutionnel (l'institution). Dans le groupe en fusion, comme la foule révolutionnaire qui marche sur la Bastille, chacun est le même que l'autre dans la mesure où tous poursuivent une même fin et assurent successivement la fonction de tiers régulateur. Mais cette unité se défait dans le groupe organisé, qui apparaît à la suite du serment, et où chacun occupe une fonction précise qui le distingue des autres, ainsi que dans le groupe institutionnel où les fonctions deviennent permanentes et sont remplies pas des membres qui sont alors au service de ces fonctions. Toutefois, le mouvement de l'expérience peut être circulaire et ces métamorphoses possibles du groupe ne sont en rien fatales. En outre, si le groupe assermenté, le groupe organisé, le groupe institutionnel sont autant de *dégradations* du groupe en fusion, et si la libre *praxis* commune, qui triomphe de la multiplicité sérielle dans le groupe en fusion, est progressivement rattrapée par la passivité et l'aliénation, cette *dégradation* pour Sartre ne se réfère à aucun système de valeurs, « fût-ce à l'affirmation éthique que la liberté est fondement des valeurs ». Le terme de dégradation vise seulement à souligner que le groupe se rapproche progressivement du statut du collectif et que la libre *praxis* retourne vers le pratico-inerte (CRDI, 678).

Nous avons vu avec ces notions de collectif, de série, de groupement pratico-inerte, de classe et de groupe en fusion, etc., ce que Sartre dénomme « les conditions formelles de l'histoire » (CRDI, 880). On pourrait évidemment s'étonner et soutenir que l'histoire ne se réduit pas à la vie économique et aux luttes sociales et politiques qu'elle suscite, mais qu'elle enveloppe bien d'autres phénomènes qui relèvent notamment de la vie spirituelle. Il faut alors rappeler que Sartre se place d'un point de vue résolument matérialiste et que pour lui, comme pour Marx et Engels, ce sont « les hommes qui font leur histoire eux-mêmes mais dans un milieu donné qui les conditionne, sur la base de conditions réelles antérieures, parmi lesquelles les conditions économiques [...] n'en sont pas moins, en dernière instance, les conditions déterminantes » (QM, 45-46). Bref, il faut toujours repartir du mode de production de la vie matérielle dans le contexte de la rareté, qui domine le développement de la vie sociale, politique et intellectuelle. L'histoire est alors l'unité dialectique de la nécessité et de la liberté : de la liberté, puisque l'histoire est le fruit de la libre *praxis* humaine ; de la nécessité, car les hommes font l'Histoire sur la base de conditions antérieures qu'ils n'ont pas choisies. Les hommes font l'histoire et, en même temps, ils la subissent. Mieux : ils la subissent en tant qu'ils la font et la font en tant qu'ils la subissent. C'est pourquoi si les hommes font l'Histoire, celle-ci leur échappe : l'Histoire se fait chaque jour autre que les hommes ne croient la faire, et elle fait les hommes autres qu'ils ne croient être ou devenir. De ce point de vue, l'histoire ne répond pas à un schéma universel *a priori* mais elle est une aventure unique qui procède « par fautes et corrections » et qui, en tant que processus, « suit son chemin » en intégrant les accidents et la contingence (QM, 122 ; CRDII, 237-8).

Cette conception de l'histoire – qui, pour un marxiste comme Louis Althusser, est avant tout sartrienne (L. Althusser, *Réponse à John Lewis*, Paris, F. Maspero, 1973) – rencontre une difficulté, voire une aporie. En effet, le vrai problème de l'Histoire, avec un grand H, pour Sartre, est celui de son intelligibilité ou encore de sa signification profonde en tant que processus unitaire. Il s'agit alors d'envisager l'Histoire, non pas comme une multiplicité d'histoires simultanées ou successives, mais comme « totalisation de toutes les multiplicités pratiques et de toutes leurs luttes », c'est-à-dire de comprendre l'Histoire comme totalisation de tous les combats que se livrent les hommes en tant qu'ils appartiennent à des classes et ce, dans le cadre fondamental de la rareté. Or une telle intelligibilité de l'Histoire est-elle possible ? C'est-à-dire, pour emprunter un langage plus courant, est-il possible de dégager le sens de cette Histoire ? Ou encore, en termes sartriens, comment cette totalisation ultime des *praxis* partiellement totalisantes sans lesquelles il n'y a pas d'Histoire s'opère-t-elle ? Une totalisation peut-elle s'opérer sans totalisateur (DS, 493) ? Si l'Histoire réelle se déroule au niveau des luttes sociales et non du pratico-inerte, la matière (la nature) n'en est pas moins « le moteur inerte », car elle est la condition pour qu'il y ait une nécessité au sein de l'Histoire. On peut alors se demander si ce n'est pas précisément la matière ouvrée qui peut remplir cette fonction de totalisation ultime dite aussi « totalisation d'enveloppement » (CRDI, 186-7).

UNE PSYCHANALYSE DE L'EXISTENCE

Guillaume II et Flaubert

Au cours de la quatrième partie de *L'Être et le néant*, Sartre expose sa conception d'une psychanalyse existentielle dont on trouve une première ébauche dans les *Carnets de la drôle de guerre* à propos de l'empereur Guillaume II. Il s'agit de comprendre en profondeur le cours d'une existence à partir du choix originel du sujet par lui-même en tant que liberté en situation. Cette idée, Sartre ne cessera par la suite de l'approfondir, notamment dans *Questions de méthode*, et de la mettre à l'épreuve à travers les essais qu'il consacre à Baudelaire (1947), à Jean Genet (1952), à Mallarmé (1952), et qui trouvent comme leur couronnement (inachevé) dans les quelque trois mille pages de *L'idiot de la famille* (1970-1972) *alias* Flaubert. C'est également au registre de la psychanalyse existentielle que l'on peut inscrire son autobiographie intitulée *Les mots* et publiée en 1963. Comme nous abordons le *Saint Genet, comédien et martyr*, et *L'idiot de la famille* dans la deuxième partie de ce livre, réservée à la présentation des œuvres majeures de Sartre, nous allons privilégier ici l'essai consacré à Mallarmé ainsi que l'ouvrage autobiographique de Sartre, intitulé : *Les Mots*, que l'on peut envisager comme un essai d'auto-analyse existentielle. Mais il faut auparavant préciser brièvement ce qui sépare la psychanalyse existentielle de la psychanalyse freudienne et tenter d'en dégager les principes.

La critique de la psychanalyse freudienne

On a souvent reproché à Sartre sa « cécité » vis-à-vis de la grande révolution initiée par Freud et ses disciples. Lui-même, à sa manière, corrobore un tel reproche en déclarant en 1970 : « Pour revenir à Freud, je dirai que j'étais incapable de le comprendre parce que j'étais un Français nourri de tradition cartésienne, imbu de rationalisme, que l'idée d'inconscient choquait profondément » (SIX, 105). Reconnaissant l'hostilité de Sartre à l'endroit de la psychanalyse – difficilement contestable au moment de *L'Être et le néant* –, certains bons esprits s'empressent de préciser que celle-ci s'est toutefois considérablement émoussée avec le temps et que, la maturité venant, Sartre fut, pour reprendre un mot attribué à Sacha Guitry à propos des femmes, « contre, tout contre ». Or, ce qui est tout d'abord frappant dans l'attitude de Sartre vis-à-vis de la psychanalyse freudienne, c'est tout au contraire sa constance. Il faut citer à ce propos la suite de l'entretien de 1970 que nous venons d'évoquer : « Mais je ne dirais pas *seulement* cela. Aujourd'hui encore, en effet, je reste choqué par une chose qui était inévitable chez Freud : son recours au langage physiologique et biologique […]. Le résultat, c'est que la façon dont il décrit l'objet analytique souffre d'une sorte de crampe mécaniste. Il réussit par moments à transcender cette difficulté mais, le plus souvent, le langage qu'il utilise engendre une *mythologie* de l'inconscient que je ne peux pas accepter ». Ainsi Sartre conserve-t-il intactes vis-à-vis de la psychanalyse toutes ses réticences et, comme nous allons le voir, demeure fondamentalement fidèle aux thèses élaborées dès ses premiers ouvrages. Sans doute certains remaniements se sont-ils imposés à lui, notamment à propos de la liberté.

Mais s'il a bien fallu apprendre à composer et faire sa part à la « force des choses », ce ne fut jamais que sous la forme d'un approfondissement.

L'hostilité de Sartre vis-à-vis de la psychanalyse est à vrai dire très relative et quelques formules assassines dans *La Transcendance de l'ego* ou *L'Imaginaire* ne doivent pas masquer la quasi fascination de Sartre pour la vie et l'œuvre de Freud. Il suffit pour s'en convaincre de penser à l'épais *Scénario Freud* – « gros comme ma cuisse » disait J. Huston – que Sartre rédigea en 1958 et qui fut publié à titre posthume en 1984. En outre, la proximité des projets de Sartre et de Freud est difficilement contestable. Dans un cas comme dans l'autre, nous avons affaire à une herméneutique des conduites humaines, fondée sur l'affirmation du caractère significatif de tout phénomène humain. Ainsi, pour Sartre comme pour l'auteur de la *Psychopathologie de la vie quotidienne*, « il n'est pas un goût, un tic, un acte humain qui ne soit révélateur », c'est-à-dire qui ne possède un sens (EN, 614). Oublier un rendez-vous, rater une marche ou préférer, comme C. Baudelaire, les plats en sauce aux viandes grillées, tout cela peut se comprendre puisque ces conduites ne relèvent pas du hasard et n'ont rien d'accidentel. Déjà, l'*Esquisse d'une théorie des émotions* reconnaissait à Freud le mérite d'avoir été le premier « à mettre l'accent sur la signification des faits psychiques » (*Esquisse*, 34).

Toutefois, Sartre, comme tant d'autres philosophes, ne peut pas plus admettre le chosisme que le naturalisme qui hantent la psychanalyse freudienne, et qui est au principe de ce qu'il appelle « la crampe mécaniste » de la psychanalyse. Celle-ci consiste à ramener des phénomènes intentionnels tels qu'une émotion, un désir, un souhait ou une décision à des phénomènes par essence analogues à ceux qu'étudient les sciences de la nature. Pour Freud, tous les phénomènes sont soumis à un déterminisme rigoureux dont il ne cesse de postuler, au nom de la scientificité de sa démarche, l'universelle légitimité et, par suite, l'empire absolu sur le psychisme. Dès lors, il n'est plus question de comprendre (*verstehen*) des conduites en en dégageant le sens à partir du projet qui l'anime et de ses motifs, mais de les expliquer (*erklären*) en en recherchant les causes à partir de principes comme le principe de constance que Freud emprunte à la physique du XIXe siècle. Sartre, au contraire, se refuse à introduire au sein de la subjectivité quoi que ce soit qui puisse s'apparenter à une force, à un *quantum* d'énergie et, plus généralement, à un quelconque phénomène physique. Nous pouvons aisément comprendre alors les raisons qui conduisent Sartre, sa vie durant, à refuser l'hypothèse de l'inconscient psychique, à laquelle il oppose dans *L'Être et le néant* son concept de mauvaise foi, tout en reconnaissant une certaine inconscience du sujet.

Sans doute Sartre demeure-t-il attaché à la translucidité de tout vécu de conscience, en vertu de laquelle un sujet ne peut éprouver une douleur ou un désir sans en avoir conscience, mais telle n'est pas la raison essentielle de son attitude. Du reste, cette thèse ne le conduit nullement à rejeter toute forme d'inconscient, mieux : d'inconscience, bien au contraire. Déjà, dans *L'Être et le néant*, Sartre ménage une place pour une certaine méconnaissance du sujet par lui-même : le projet fondamental qui anime le sujet est pleinement vécu par le sujet et, comme tel, totalement conscient mais « cela ne signifie pas qu'il doive être du même coup connu par lui, tout au contraire ». Encore faut-il pouvoir le connaître et disposer des instruments conceptuels qui le permettent.

Ainsi, conclut Sartre, je suis à moi-même comme « un mystère en pleine lumière » (EN, 630-631). Dans *L'idiot de la famille*, Sartre va plus loin et, soucieux de prendre en compte tant le poids du passé que celui des conditions économiques et sociales du sujet, abandonne la notion de conscience qu'il remplace par celle de « vécu ». Car, écrit-il, « ce que j'appelle le *vécu*, c'est précisément l'ensemble du processus dialectique de la vie psychique, un processus qui reste nécessairement opaque à lui-même car il est une constante totalisation, et une totalisation qui ne peut être consciente de ce qu'elle est » (SIX, 108-111). Ainsi Sartre admet-il bien une certaine inconscience *du* sujet.

Il va de soi que cette inconscience ou méconnaissance du sujet est profondément différente de l'inconscient freudien, et ne renvoie en aucun cas à un ensemble de processus qui déterminerait la vie psychique du sujet indépendamment de sa *praxis*. Toutefois la raison profonde du refus sartrien de l'hypothèse de l'inconscient est dictée avant tout par son ontologie. L'inconscient freudien partage, en effet, le mode d'être de la chose en soi et repose sur une ontologie substantialiste que rejette *L'Être et le néant*. Or, si la chose en soi, conformément au principe d'identité, est ce qu'elle est et n'est pas ce qu'elle n'est pas, l'homme existe sur le mode de l'être qui n'est pas ce qu'il est et qui est ce qu'il n'est pas. Telle est du reste, comme nous l'avons vu, la condition de sa mauvaise foi en tant que possibilité existentielle. Remarquons que cette critique sartrienne de la psychanalyse freudienne rejoint pour une bonne part celle de Merleau-Ponty. Comme Sartre, Merleau-Ponty salue dans le freudisme la conviction que « les faits psychiques ont un sens » de telle sorte qu'une conduite « ne peut être le résultat de quelque mécanisme corporel ». Mais Merleau-Ponty n'accepte pas plus que Sartre l'inconscient freudien qu'il qualifie de « notion-Protée » (*Signes*, 291). Dans une formule qui rappelle naturellement le concept sartrien de mauvaise foi, Merleau-Ponty propose de définir l'inconscient comme « un savoir non-reconnu, informulé, que nous ne voulons pas assumer ».

Ainsi Sartre refuse-t-il d'introduire au sein de l'existence quoi que ce soit qui partage le mode d'être de l'en-soi et qui permette d'assimiler la réalité-humaine à une chose. La chose subsiste, l'homme existe. C'est sur la base d'une telle conviction que Sartre entend fonder une nouvelle psychanalyse – « cette psychanalyse n'a pas encore trouvé son Freud », écrit-il avec une modestie toute relative (EN, 620) – dont Freud ne serait finalement que le précurseur.

Les trois ou quatre principes de la psychanalyse existentielle

En nous appuyant tout d'abord sur la quatrième partie de *L'Être et le néant*, il est facile d'esquisser les principes de la psychanalyse existentielle. Tout d'abord, 1) cette psychanalyse pourrait en un sens se réclamer de Pascal et, dans *L'Être et le néant*, Sartre inscrit lui-même son propos dans le prolongement de la thématique du divertissement pascalien. On se souvient que, pour Pascal, qu'il s'adonne à la chasse ou au jeu de paume, qu'il recherche la conversation des femmes, la guerre ou les grands emplois, l'homme éprouve à chaque fois le même besoin de se divertir, c'est-à-dire de se détourner de lui-même et de sa condition misérable. Cet auteur découvre donc dans toutes ces activités, qui en elles-mêmes seraient parfaitement absurdes, une signification souterraine qui les transcende : la misère de l'homme sans Dieu. De manière analogue, les conduites humaines possèdent pour Sartre une signification transcendante et renvoient, par-delà leur finalité apparente : gagner de l'argent, vouloir être aimé, rechercher la célébrité, etc., au désir ontologique du pour-soi qui est fondamentalement, en vertu de l'acte ontologique dont il procède, désir d'être Dieu, désir de l'en-soi-pour-soi.

Cependant, si Pascal a le mérite de dégager de la diversité infinie des conduites humaines un principe d'unité, Sartre regrette en même temps que Pascal ait ignoré la nature de celui-ci et, du même coup, l'unité profonde de la subjectivité humaine à laquelle il revient de décider du sens de ses conduites. Dans un fragment célèbre des *Pensées*, Pascal s'interroge – avec une apparente naïveté – sur le rapport du moi à ses qualités. Ainsi notre auteur se demande : « Et si on m'aime pour mon jugement, pour ma mémoire, m'aime-t-on ? Moi ? » Quoique troublante, la question est en vérité artificielle et, pour tout dire, sophistique puisqu'elle consiste à caractériser un individu à partir d'un ensemble de propriétés ou capacités telles que le jugement, la mémoire, puis à rapporter celles-ci à un moi substantiel vidé de toute autre détermination. Pour Sartre, c'est méconnaître profondément l'être de la personne. Et, à l'inverse d'une psychologie analytique, qui réduit la personne à une somme de traits de caractère ou de tendances indépendantes les unes des autres, il faut envisager la personne comme une totalité synthétique.

2) De ce point de vue, toute décomposition ne peut se faire qu'au prix d'une abstraction malheureuse qui laisse échapper la singularité de la personne. Celle-ci ne saurait évidemment se réduire à ses différentes qualités : son jugement, sa mémoire, son égoïsme, sa jeunesse, sa

richesse ou sa pauvreté, etc., et bien naïf qui voudrait la retrouver par la sommation de ses traits de caractère comme de ses diverses tendances ou inclinations que nous découvrons empiriquement en elle. Que la personne soit une totalité synthétique signifie qu'elle est une, et cette unité n'est autre selon Sartre que l'unité d'un choix originel, c'est-à-dire du choix de la modalité selon laquelle chaque personne poursuit son désir d'être. Il en résulte qu'en chacun de ses goûts, de ses inclinations ou de ses conduites empiriquement constatables, il est possible de retrouver le choix ou projet originel qui globalement la caractérise. La personne est en ce sens comparable à la substance spinoziste « qui s'exprime tout entière dans chacun de ses attributs » (EN, 623). De même, un homme s'exprime tout entier dans la plus insignifiante et la plus superficielle de ses conduites.

Cela permet peut-être de comprendre l'apparente témérité de certaines affirmations sartriennes. Par exemple, au sujet de Baudelaire et de sa haine de la nature, Sartre écrit : « Je parierais qu'il préférait les viandes en sauce aux grillades et les conserves aux légumes frais » (B, 105). Et avec une assurance comparable, Sartre dit de la sexualité de Mallarmé : « il est très certain qu'il aura plus tard une sexualité de voyeur et orale. Il voudrait voir des femmes entre elles. Ou se conduire en femme avec des femmes. Ou qu'on le traite en femme ». À l'appui de tels propos Sartre se contente de renvoyer à un pastiche de la poésie galante du XVIIIe siècle intitulé « Placet futile », qui fut le premier poème publié de Mallarmé (1844). Il nous faut cependant reconnaître que de telles affirmations ne sont pas totalement arbitraires, s'il est vrai qu'il n'y a pas un goût, un tic, un acte humain qui ne soit révélateur et qui ne renvoie à un même et unique choix originel. Armé de ce principe, le psychanalyste n'a nul besoin de confidences, et il lui est possible de deviner la sexualité ou les préférences culinaires d'une personne à partir de la posture existentielle qui est globalement la sienne.

3) Enfin, soucieuse de ne pas tomber dans un positivisme naïf, la psychanalyse existentielle refuse de s'en tenir à l'étude de faits concomitants afin d'établir entre eux de vagues relations causales. On n'étudierait alors que des relations fortuites et secondaires, et l'on en négligerait ce faisant les structures *a priori* constitutives de l'existence. Il nous faut ainsi comprendre que l'affectivité, en tant que modalité de l'ouverture au monde de la réalité humaine, présente une structure *a priori* que l'on retrouve, par exemple, dans la haine d'un enfant pour son père. Comprendre un tel sentiment exige en effet qu'on réinscrive cette relation empirique entre un fils et son père dans la relation originelle au tout dont elle n'est qu'une spécification et que l'on nomme l'être-dans-le-monde. Ainsi, la relation empirique entre un fils (ou une fille) et son père présuppose la structure universelle de l'être-dans-le-monde en tant que structure de la relation existentielle ou ontologique à l'autre qui est également un être-dans-le-monde, une liberté en situation, un être contingent sous le regard duquel toute liberté est en danger. La psychanalyse existentielle repose donc sur une compréhension *a priori* de la réalité-humaine que Sartre a précisément exposée dans les deux parties de *L'Être et le néant* qui précèdent l'exposé de la psychanalyse existentielle. En même temps, il va de soi que le point de départ de cette psychanalyse en tant qu'herméneutique des conduites humaines reste l'expérience, et sa méthode, nous dit Sartre, est comparative : c'est de la comparaison

des différentes conduites d'une personne que pourra jaillir la révélation du projet ou choix original qui, derrière des mobiles occasionnels, les motive.

Si nous tentons à présent de saisir ensemble ces différents principes, que par commodité nous avons réduits à trois, nous pouvons dire qu'une psychanalyse existentielle se doit de remonter à cette structure première, originelle et *a priori* de toute existence, que Sartre dénomme après Heidegger l'être-dans-le-monde. Cet être-dans-le-monde présente alors un double aspect. D'une part, il est ce rapport originel à l'être qui est au fondement de tous les rapports et, notamment, du rapport du sujet à d'autres hommes, à sa liberté comme à sa contingence ; et c'est donc sur le fondement de ce rapport originel dont la phénoménologie s'attache à dégager les structures *a priori* que se produisent des faits tels qu'un poème ou le décès d'une mère et d'une sœur. D'autre part, cet être-dans-le-monde est synonyme de transcendance au sens où la conscience, en tant que projet, dépasse ce qui est vers ce qui n'est pas encore. C'est dans cette perspective qu'il faut comprendre l'idée, développée par Sartre à propos de Jean Genet, que « le génie n'est pas un don mais l'issue que l'on invente dans les cas désespérés » (SG, 645). En outre, ce dépassement s'opère concrètement à travers une infinité de projets et de conduites qui, à chaque fois, esquissent une même manière d'être et renvoient au choix originaire d'une personne. Ainsi la psychanalyse existentielle s'attache à ressaisir l'attitude d'un être-dans-le-monde dont la singularité se dévoile aux autres comme son *style*.

Il convient cependant de compléter cet exposé des principes de la psychanalyse existentielle par une considération méthodologique empruntée à la troisième partie de *Questions de méthode*. Sartre y salue et fait sienne, en effet, la manière dont Marx dans *Le 18 brumaire de Louis Bonaparte*, conjugue la progression synthétique et l'analyse détaillée des faits, selon un mouvement de va-et-vient qui lui permet, selon Sartre, d'éclairer les structures les plus profondes d'une société (développement des forces productives, rapports de production) à partir de l'originalité du fait envisagé (homme, action, œuvre) pour pouvoir déterminer en retour cette originalité par les structures fondamentales de ladite société. De manière analogue, la méthode progressive-régressive appliquée à un poète comme Mallarmé ou à un romancier comme Flaubert consiste, d'une part, en un mouvement régressif d'analyse et d'exploration qui descend du concret absolu, par exemple : le roman *Madame Bovary*, à son conditionnement le plus abstrait : les conditions matérielles d'existence de son auteur qui doit faire face à l'essor du capitalisme et aux mutations de la société française du XIXe siècle ; et, d'autre part, en un mouvement progressif et synthétique qui appréhende le projet de Flaubert et son objectivation finale dans une œuvre littéraire qui totalise de manière singulière son époque. Une telle démarche permet ainsi de ressaisir la liberté du sujet au sein des conditions qui en limitent plus ou moins étroitement l'exercice.

Mallarmé : *un* hiatus *pathologique*

Les deux textes de Sartre sur Mallarmé – l'un, « L'engagement de Mallarmé », inachevé, a été écrit en 1952, l'autre, « Mallarmé », a été publié en 1953 – ont été rassemblés en 1986 par la fille adoptive de Sartre, Arlette Elkaïm-Sartre, sous le titre *Mallarmé, la lucidité et sa face d'ombre*. Même si Sartre n'y met pas en œuvre les outils méthodologiques dont il dispose dans *L'Idiot de la famille*, et en dépit de leur brièveté, ces textes sont intéressants dans la mesure où Sartre y envisage la vie et l'œuvre de Mallarmé dans la perspective d'une psychanalyse existentielle qui, comme nous allons le voir, n'est plus tout à fait celle mise en œuvre dans son essai relativement sommaire sur Baudelaire.

Un événement de la vie de Mallarmé semble déterminant pour la compréhension de l'homme et de son œuvre : le décès d'Elisabeth-Félicie Mallarmé au retour d'un voyage en Italie. On sait en effet que la mère du poète, née Desmolins, meurt le 2 août 1847, alors que Stéphane Mallarmé est âgé d'un peu plus de cinq ans. Dix années plus tard, en 1857, le deuil pour ainsi dire se répète, et sa sœur Marie, née deux ans après lui, s'éteint à son tour. Quelles furent les conséquences de ces deuils successifs sur Mallarmé ? La mort de sa mère provoqua-t-elle dans la vie du poète une coupure profonde dont un lecteur attentif pourrait retrouver la trace jusque dans la poésie de Mallarmé ? On croit savoir pourtant que la mort de sa mère n'aurait pas excessivement frappé le jeune Stéphane, et qu'il fut alors lui-même embarrassé de son manque de douleur. Mallarmé raconte que, lors d'une visite de deuil, tandis qu'on évoquait la mort de sa mère et qu'il ne savait quelle contenance prendre, il prit le parti de se rouler sur le tapis. Si une telle mimique paraît dénoter une relative indifférence, elle ne doit cependant pas égarer.

De manière particulièrement suggestive pour qui s'intéresse à ces troubles qu'on tient parfois pour psycho-somatiques voire simplement somatiques, Sartre nous invite à ne pas méconnaître les formes inattendues que la douleur peut prendre chez les enfants et écrit à ce propos :

« Le chagrin des enfants est sans commune mesure avec les formulaires que nous mettons à leur disposition pour l'exprimer. Dans notre monde d'adultes, on a fait de la douleur une perturbation atmosphérique provoquant des orages en chaîne et que soutiennent et prolongent des danses et des cérémonies vestimentaires. Pour l'enfant, la douleur, c'est n'importe quoi. Celui-ci, dont la mère part pour un long voyage, se laisse distraitement embrasser par elle, revient à ses jeux : le lendemain il *fera* une rougeole. La rougeole est son chagrin ; tel autre, dont les parents divorcent, toujours rieur, se met à voler, à mentir ou pisse au lit. Il ne faudrait pas dire qu'ils ne savent pas souffrir : c'est nous, plutôt, qui avons réduit les souffrances à des ballets inoffensifs et qui remplaçons les terribles désadaptations qu'elles provoquent par des désordres bruyants et inoffensifs » (MA, 86). Ainsi, que Mallarmé perde sa mère, et nous pouvons nous attendre à ce que le chagrin éprouvé par l'orphelin ne prenne pas l'une de ces formes convenues, bruyantes et inoffensives, que nous lui connaissons dans notre société. Reste à comprendre de quelle manière ce deuil se manifeste et dans quelle mesure il affecte plus ou moins Mallarmé.

Il convient alors de repartir de Mallarmé en tant que liberté condamnée à assumer son être-dans-le-monde. Or, écrit Sartre, « il y a des maladies de l'être-dans-le-monde, au sens où Merleau-Ponty a parlé des "maladies du *cogito*" ». Ceci ne signifie pas que la structure *a priori* de l'être-dans-le-monde puisse être altérée au point que le sujet soit comme la pierre pour Heidegger, c'est-à-dire sans monde – ce qui serait absurde s'il est vrai que cette structure dite *a priori* désigne précisément un invariant. En revanche, en tant qu'être-dans-le-monde, l'homme est toujours en danger et un événement particulier peut sinon provoquer une modification globale et pathologique du projet originel, du moins « être l'occasion de fissures ou de troubles à l'intérieur de ce projet ». En ce sens, dans certaines circonstances historiques et contingentes, l'être-dans-le-monde peut effectivement s'altérer comme c'est le cas avec la mort d'un parent. En effet, en nous révélant une fois pour toutes notre possibilité de n'être plus au monde comme un des caractères de l'être-dans-le-monde, le décès d'un proche, écrit Sartre, peut « occasionner des modifications bien autrement importantes qu'une simple déficience sexuelle : il peut agir sur notre distance aux objets, sur notre intuition de l'être, sur le goût même que nous avons pour nous-mêmes ». En d'autres termes, si la perte d'un être cher n'atteignait que le seul désir sexuel, l'affection serait relativement bénigne et sans grande conséquence. Or, en dévoilant à l'enfant sa mortalité, le décès d'un proche l'atteint sans doute au plus profond de lui-même. Car ce *hiatus*, cette nouvelle distance avec les objets, évoquée par Sartre, ne désigne rien de moins que la perte de leur caractère familier – perte qui peut aller jusqu'à prendre la forme extrême dans la schizophrénie de ce trouble fondamental que Wolfgang Blankenburg dénomme la perte de l'évidence naturelle. De même, c'est son intuition de l'être, en tant que l'être s'y donne comme superflu, inessentiel, sans valeur ou au contraire comme justifié, comme antérieur ou postérieur au néant, etc., qui peut être modifiée par un tel événement. De même encore, ce goût qu'une personne a d'elle-même, c'est-à-dire la manière dont elle éprouve sa propre facticité, peut se trouver transformé en un vague sentiment nauséeux, voire en un irrépressible dégoût.

On imagine facilement que perdre sa mère ne peut avoir la même signification pour un enfant de cinq ans et pour un adolescent de quinze ans. À cinq ans, nous dit Sartre, même si l'enfant est sevré depuis quelques années, la mère et le monde ne font encore qu'un, et l'enfant ne s'est toujours pas véritablement tourné vers le dehors. De plus, à cet âge, la mère par son regard remplit une véritable fonction ontologique : d'une part, elle donne à l'enfant sa réalité même : « il est parce qu'elle le voit, sa vérité est en elle » (MA, 98); d'autre part, les choses reflètent le regard de sa mère et ne sont véritablement que parce qu'il se pose sur elles. Bref, le monde et l'enfant dans le monde ne sont qu'une vision maternelle. Nous retrouvons ici la thèse de *L'idiot de la famille* sur l'importance de l'amour maternel qui permet à un enfant de se croire mandaté et de « vivre une aliénation heureuse » (IFI, 143). Nous comprenons alors que, lorsque pour Mallarmé ce regard s'éteint, il s'agit pour ainsi dire d'un deuxième sevrage mais cette fois, comme le souligne Sartre, d'un sevrage dont nul ne peut amortir les effets. Avec ce décès, l'enfant perd non seulement sa vérité mais surtout l'attitude confiante envers l'être qui aurait pu être la sienne dans d'autres circonstances. Plus précisément, tandis que les autres se tournent vers le monde pour combler leurs désirs, l'orphelin s'en détourne; il ne désire pas l'être, sa soif ne concerne pas le monde, car son désir le porte vers une morte, vers le passé. Ainsi l'enfant « cherche à retrouver partout les anciens embrassements. À cette coiffeuse, la mère s'asseyait : il la contemple sans la voir dans la *psyché* ou sur la chaise, une habitude l'incite à convoquer une chère présence; l'être est là, mais implicite : c'est le cadre de cette quête vaine, le fond de la toile » (MA, 100). Mallarmé n'envisage jamais un objet pour lui-même mais cherche à travers lui la présence palpable de la morte, et désormais le projet de l'enfant est d'aimer ce qui n'est pas (MA, 121).

La psychanalyse existentielle retrouve naturellement un écho de cette quête imaginaire, et de la déception inévitable qui l'accompagne, dans la poésie de Mallarmé et, par exemple, dans « L'après-midi d'un faune ». Au début de ce poème, en effet, le faune éprouve au fur et à mesure qu'il s'éveille quelque incertitude sur la réalité des nymphes qu'il poursuit de son désir : « Ces nymphes, je les veux perpétuer. / Si clair, / Leur incarnat léger, qu'il voltige dans l'air / Assoupi de sommeils touffus. / Aimais-je un rêve ? / Mon doute, amas de nuit ancienne, s'achève / En maint rameau subtil, qui, demeuré les vrais / Bois mêmes, prouve, hélas que bien seul je m'offrais / Pour triomphe la faute idéale de roses ». Le triomphe du faune se révèle bel et bien imaginaire, et il n'a vu à vrai dire que des roses dont l'incarnat léger suggère le corps des nymphes. Or un tel échec ne conduit nullement le faune à renoncer au rêve. À la fin du poème, s'assoupissant à nouveau, le faune « succombe au fier silence de midi » et aux deux nymphes déclare : « Couple, adieu ; je vais voir l'ombre que tu devins ». Préférant donc l'irréalité de l'imaginaire au néant, le faune se replonge dans le rêve. De manière analogue, pour Sartre, Mallarmé maintient sa volonté désespérée de faire revivre la morte et préfère même, « puisque le monde se profile, inquiétant et muet, à l'horizon de ses échecs », cet échec incessant au triomphe du réel (MA, 102).

Cette perspective existentielle nous permet également de comprendre l'étonnante négativité qui caractérise la poésie de Mallarmé et que l'on retrouve, par exemple, à la fin de son texte intitulé non sans dérision « Crise de vers » : « À quoi bon la merveille de transposer un fait de nature en sa presque disparition vibratoire selon le jeu de la parole, cependant ; si ce n'est pour qu'en émane, sans la gêne d'un proche ou concret rappel, la notion pure. Je dis : une fleur ! et, hors de l'oubli où ma voix relègue aucun contour, en tant que quelque chose d'autre que les calices sus, musicalement se lève, idée même et suave, l'absente de tous les bouquets ». Renvoyant à différents poèmes, Sartre écrit à ce propos : « On connaît l'extraordinaire logique négative qu'il a inventée, comment, sous sa plume, une dentelle s'abolit à n'ouvrir qu'une absence de lit pendant que le « pur vase d'aucun breuvage » agonise sans consentir à expirer, etc. » (MA, 164). La mort d'une mère n'est jamais un événement anodin pour un enfant dont elle remet en question la place dans le monde et révèle la contingence de son existence. Ainsi, Sartre croit pouvoir discerner dans l'œuvre poétique de Mallarmé ce qu'il dénomme un hiatus pathologique dans son être-au-monde (MA, 103). Ce hiatus désigne en l'occurrence la rupture du contact, la distance que Mallarmé entretient avec l'être en raison de la liaison originelle de son désir au néant, c'est-à-dire à sa mère qui n'est plus. Désormais, pour cet orphelin, tous les objets sont également insignifiants, et cette « certitude de tout l'être pareil », cette universelle équivalence naît de ce que tous les objets ont ce même caractère formel de n'être pas l'objet souhaité : « ils se manifestent sur la base d'une négation commune » (MA, 110).

On peut noter à présent ce qui sépare l'essai de psychanalyse existentielle publié en 1947 et consacré à *Baudelaire*, et celui sur Mallarmé. En effet, dans le prolongement direct de la quatrième partie de *L'Être et le néant*, Sartre insiste à propos de Baudelaire sur le libre

choix originel que ce dernier a fait de lui-même. Aussi
Sartre écrit-il en conclusion de son essai : « Il (Baudelaire)
a choisi d'*exister* pour lui-même comme il *était* pour les
autres, il a voulu que sa liberté lui apparût comme une
"nature" et que la "nature" que les autres découvraient
en lui leur semblât l'émanation même de sa liberté. À
partir de là, tout s'éclaire » (B, 177). En d'autres termes,
l'existence du poète ainsi que son horreur de la nature,
sa froideur, son dandysme deviendraient absolument
transparents à partir du moment où l'on a compris que cet
homme est de mauvaise foi, qu'il n'a cessé de tricher en
adoptant sur lui-même le point de vue objectivant d'autrui
et qu'il a cherché en vain, à sa manière, l'impossible synthèse de la nature et de la liberté, de l'en-soi et du pour-
soi. On remarque alors combien Sartre, quelque cinq ans
plus tard, insiste au contraire sur le quasi traumatisme du
décès maternel, même s'il va sans dire que la réaction de
Mallarmé à ce décès lui est propre et relève *aussi* de sa
liberté. Ainsi Sartre en vient-il à réduire cette part qu'il
avait accordée en 1943 à la liberté du sujet au point qu'on
puisse demander, à la lecture de *L'Idiot de la famille*, si
la psychanalyse existentielle reconnaît encore une marge
de liberté à un sujet dont l'existence est soumise à des
conditionnements tant internes (intéro-conditionnement)
qu'externes (extéro-conditionnement).

Les Mots *ou l'auto-analyse*
existentielle d'une névrose littéraire

Dans une lettre à S. de Beauvoir, Sartre déclare en
1940 : « [Écrire], c'est mon destin, mon étroit destin
individuel, et aucun grand épouvantail collectif ne doit
me faire renoncer à mon destin » (J.-P. Sartre, *lettres
aux Castor*, 17 mai 1940, Paris, Gallimard, 1983). Ainsi,

comme nous le confirment de nombreux témoignages, Sartre est un écrivain dont l'existence est assujettie à une injonction quasi tyrannique : *nulla dies sine linea* (pas un jour sans une ligne) (M, 212). Que signifie un tel impératif ? Quelle peut être la source de ce besoin pressant voire névrotique d'écrire ? Sartre déclare à ce sujet : « Dans *Les Mots*, j'explique l'origine de ma folie, de ma névrose. Cette analyse peut aider les jeunes qui rêvent d'écrire. Cette aspiration est tout de même assez étrange et ne va sans une fêlure » (ES, 387). Quelle interprétation l'auteur des *Mots* propose-t-il donc de sa propre « vocation » ou fêlure ?

Sartre est très tôt habité par la « conviction » qu'écrire et se sauver sont une seule et même chose, qu'il est donc possible grâce à l'œuvre d'échapper à la contingence qui frappe toute existence à commencer par la sienne. Cet espoir apparaît dans les premiers textes sinon tel quel du moins sous une forme apparentée. Ainsi, dans son discours de distribution des prix de 1931, alors qu'il est jeune professeur de philosophie au lycée du Havre, Sartre entend prouver à ses auditeurs que le cinéma est bien un art et non pas le simple « divertissement des femmes et des enfants » (M, 101). Un art donc qui, comme les autres arts du mouvement (théâtre, musique ou danse), est capable de métamorphoser le temps en substituant à des instants qui se succèdent sans liaison véritable un temps irréversible et nécessaire. Même si Sartre n'y adhère déjà plus vraiment, cette conception est largement reprise dans *La Nausée* qui ne cesse d'opposer à la contingence des choses telles qu'un verre de bière, une paire de bretelles mauves ou la racine d'un marronnier, la nécessité de l'œuvre d'art. Ainsi, un vieil air de jazz, un vieux *rag-time*, par son ordre inflexible, parvient à dissiper la nausée qui s'était brusquement emparée d'Antoine Roquentin : à ces « instants larges et mous qui s'agrandissent par les bords en tache d'huile », la mélodie substitue un temps dont les instants sont « vidés de leur graisse » et durs comme l'acier, un temps dont chaque moment répond à une nécessité sans faille (N, 246).

Bien des années s'écoulent avant que Sartre ne parvienne à se défaire totalement de cette conception du salut par l'œuvre d'art, qu'il tient rétrospectivement pour une idée délirante. Dans *Les Mots*, Sartre envisage sa « vocation » comme une « longue, amère et douce folie » (M, 211), et tente d'éclaircir les soubassements existentiels de cette illusion comme de cet irrépressible besoin qui le condamne depuis son enfance à écrire. Tout aurait commencé aux alentours de 1912, lorsque le jeune Jean-Paul accomplit ses premiers pas littéraires sous le regard attendri de son entourage. « Pris au piège de la nomination », c'est-à-dire de ce pouvoir magique des mots de *réaliser* l'imaginaire, il découvre également la toute-puissance de l'écrivain qui peut d'un trait de plume faire mourir son personnage ou lui laisser la vie sauve. Une amie de la famille, Mme Picard, déclare un jour : « Ce petit écrira ! » (M, 131). Et le grand-père Schweitzer, surmontant ses premières réticences, finit par reconnaître à son petit-fils « la bosse de la littérature ».

Mais à dire vrai, tout aurait déjà commencé bien avant, avec la mort de son père, Jean-Baptiste Sartre. Ce fut « la grande affaire de ma vie », écrit le fils qui ne sait si ce décès du 21 septembre 1906, alors qu'il était âgé d'un an et trois mois, fut un mal ou bien. Sans doute eût-il la chance de ne pas être écrasé par un père qui sut « mourir à temps » (M, 19). Mais, en disparaissant, Jean-Baptiste Sartre ne put accorder à son fils ce droit à défaut duquel un enfant compte pour du beurre : « Un père m'eût lesté de quelques obstinations durables ; faisant de ses humeurs mes principes, de son ignorance mon savoir, de ses rancœurs mon orgueil, de ses manies ma loi, il m'eût habité ; ce respectable locataire m'eût donné du respect pour moi-même. Sur le respect j'eusse fondé mon droit de vivre » (M, 75). Or, c'est bien ce droit de vivre qui est au cœur de la névrose sartrienne.

« J'ai commencé ma vie comme je la finirai sans doute : au milieu des livres » (M, 36). Les livres sont au principe de la *constitution passive* du jeune Sartre qui découvre dans la bibliothèque du grand-père Schweitzer son lieu naturel. Mieux : ce lecteur de Michel Strogoff est un « écrivain-martyr », appelé à secourir les hommes et à consacrer sa plume à leur rachat : « les fauves du temporel, grands et petits, avaient tout loisir de s'entre-tuer ou de mener dans l'hébétude une existence sans vérité puisque les écrivains et les artistes méditaient à leur place sur la Beauté, sur le Bien » (M, 151). Pour l'auteur des *Mots*, la signification de ce fantasme s'impose d'elle-même. Il écrit à ce propos : « j'acceptais le mythe odieux du saint qui sauve la populace, parce que finalement la populace c'était moi : je me déclarais sauveteur patenté des foules pour faire mon propre salut en douce et, comme disent les Jésuites, par-dessus le marché » (M, 153). En d'autres termes, Sartre-écrivain-martyr s'est forgé un mythe, qu'il emprunte pour une bonne part à son grand-père Schweitzer, en vertu duquel il reviendrait à l'écrivain de prendre en charge l'humanité entière et de la sauver. Mais si le mythe est odieux parce qu'élitiste, il est également pitoyable. Car cette mission que l'écrivain se donne et qui le met du côté des salauds – au sens sartrien du terme, c'est-à-dire de ceux qui ont le droit d'exister –

est en vérité une conduite de fuite face à la contingence de son existence. Elle relève, comme nous l'avons vu, de ce désir universel d'échapper à l'injustifiabilité de l'existence qu'explicite *L'Être et le néant*, lorsque Sartre établit la signification du désir qui hante le pour-soi et dont « l'objet » est à proprement parler de nature ontologique. Ce désir est sans doute d'une violence toute particulière chez ce « Jean sans terre » – titre provisoire des *Mots* – qui ne peut se dissimuler qu'il est de trop.

Nous comprenons alors en quel sens l'écriture sartrienne et, plus exactement, sa motivation peut être dite *névrotique*. Non pas au sens freudien du terme, où elle serait le symptôme d'un conflit psychique inconscient. Mais au sens où, en s'assujettissant à une injonction qui n'est par elle-même nullement névrotique : *nulla dies sine linea*, Sartre est *captif* d'une existence hantée par la poursuite d'un salut imaginaire, qui témoigne de son incapacité fondamentale à accepter la réalité, à commencer par l'injustifiabilité de son être. Cette incapacité a naturellement une histoire que scandent différents éléments biographiques. On a déjà évoqué la mort prématurée du père. Il faudrait également tenir compte du rendez-vous manqué avec la religion, qui s'inscrit lui-même dans ce lent mouvement de déchristianisation de la France dont témoigne quelques années auparavant le ministère Combes (1902-1905) ; de l'évidence de sa laideur, découverte à l'occasion d'une coupe de cheveux-surprise (M, 89) ; de la lecture de *Michel Strogoff*, ouvrage que Sartre qualifie de « véritable poison » (M. 111). À l'âge de neuf ans, tout en conservant « le soupçon de son inconsistance », Sartre imagine sa tombe au Père-Lachaise, voire au Panthéon.

À vrai dire, décès du père, vocation manquée, laideur, remariage, tous ces éléments font sens dans une même direction : l'enfant surnuméraire qui doit écrire, afin d'échapper au sort du commun des mortels. Pour Sartre, les racines de la névrose, comme de la perversion du reste, sont existentielles – nous laissons de côté la question de la psychose qui échappe manifestement à la psychanalyse existentielle telle que Sartre la conçoit. C'est à partir de l'être de l'existant et de l'irrémédiable blessure de la contingence qu'il est possible de comprendre en quel sens la littérature prend chez Sartre un caractère névrotique. *Les Mots* s'achève sur cet épilogue en forme d'*happy end*, qui assimile précisément la guérison à l'acception de la gratuité de l'existence, acception métaphoriquement présentée par l'absence de titre de transport, c'est-à-dire de justificatif : « depuis à peu près dix ans je suis un homme qui s'éveille, guéri d'une longue, amère et douce folie et qui n'en revient pas et qui ne peut se rappeler sans rire ses anciens errements et qui ne sait plus que faire de sa vie. Je suis redevenu le voyageur sans billet que j'étais à sept ans » (M, 211).

UNE ÉTHIQUE DE L'ENGAGEMENT

Une responsabilité accablante

Sartre confère à l'homme une responsabilité qu'il juge lui-même « accablante » (EN, 598), et fait sienne l'affirmation de Dostoïevski selon laquelle « tout homme est responsable de tout devant tous » (RE, 7). De ce point de vue, le réserviste mobilisé qui, en 1914, préfère la guerre à la mort ou à la désertion, porte l'entière responsabilité de cette guerre (EN, 599). Sans doute lui est-il toujours possible de soutenir qu'il n'y est pour rien et que ce sont les autres qui ont déclaré cette guerre. Mais pour Sartre, quand bien même il y aurait juridiquement des degrés de responsabilité, se décharger sur les autres revient proprement à fuir sa responsabilité d'homme. Pourtant, cette conception de la responsabilité ne conduit pas immédiatement Sartre à s'engager et si la notion d'engagement apparaît dès l'entre-deux-guerres dans le discours des intellectuels, c'est « à un moment où, comme le rappelle Benoît Denis, Sartre est encore un intellectuel "dégagé", peu préoccupé par l'Histoire, la politique et l'action collective ». En 1935, Jean Guéhéno, au Congrès pour la défense de la culture, assigne aux écrivains le devoir de quitter leur tour d'ivoire pour entrer dans le combat politique contre le fascisme (DS, 156). Pour ce qui concerne Sartre, c'est seulement la guerre qui, selon ses propres mots, lui a enseigné qu'il fallait s'engager (ES, 108). C'est alors qu'il fait sienne l'idée d'une « Responsabilité de l'écrivain » et développe sa propre conception de l'engagement.

La notion d'engagement

La notion d'engagement peut, d'une part, être ressaisie à partir des concepts de facticité et de situation. On accordera volontiers que nul ne choisit la date et le lieu de sa naissance, que nul ne choisit de naître. Ou, pour le dire en termes plus techniques et moins naïfs, que le pour-soi existe sans être au fondement de son être, c'est-à-dire de sa présence à soi et au monde. La facticité désigne ainsi le simple *fait* « d'être là » pour un pour-soi qui surgit dans le monde et qui est dans le monde non pas en le survolant mais, nécessairement, à partir d'un point de vue. Comme l'écrit Sartre, « *pour moi*, ce verre est à gauche de la carafe, un peu en arrière ; *pour*

Pierre, il est à droite, un peu en avant. Il n'est même pas concevable qu'une conscience puisse survoler le monde de telle sorte que le verre lui soit donné comme à la fois à droite et à gauche de la carafe » (EN, 345). Le pour-soi est donc originairement engagé, et son engagement découle de sa facticité et de son incarnation. Par suite, toute connaissance est « connaissance engagée » (EN, 347), et la transcendance du pour-soi n'est possible qu'à partir d'un tel engagement ou enracinement dans le monde. Sartre écrit : « Il découle nécessairement de la nature du pour-soi qu'il soit corps, c'est-à-dire que son échappement néantisant à l'être se fasse sous forme d'un engagement dans le monde » (EN, 349).

Mais la notion d'engagement renvoie, d'autre part, aux concepts bien compris de transcendance et de liberté. En effet, la liberté n'est pas on ne sait quel pouvoir métaphysique de l'homme ; elle ne doit pas être confondue, souligne Sartre à maintes reprises, avec cette liberté abstraite des traités de philosophie qui la réduisent à un pouvoir indéterminé préexistant à ses choix (RE, 32) ; mais elle est une projection concrète vers telle ou telle fin. S'engager signifie alors choisir en poursuivant telle fin plutôt que telle autre. L'engagement se comprend ici au sens où l'on s'est engagé à rendre une somme d'argent, à se venger, à être fidèle, etc. Dans ce cas, la notion d'engagement n'est plus liée immédiatement à la facticité mais décrit la liberté, telle qu'elle s'apparaît à elle-même, alors qu'elle réalise dans le monde certaines fins, et renonce du même coup à en poursuivre d'autres. Et de même que ma liberté se dégrade sous le regard d'autrui en liberté-objet, de même l'engagement sous le regard d'autrui se dégrade en « engagement-objet » d'un être-au-milieu-du-monde qui, dès lors, est engagé – dans la résistance ou la collaboration – comme le couteau est engagé dans la plaie (EN, 331). Nous avons donc bien deux concepts d'engagement : l'engagement qui est condition de la liberté et qui désigne l'insertion du sujet dans le monde ; l'engagement qui est l'acte d'une liberté concrète.

Il va de soi que ces deux concepts d'engagement sont sans nul doute étroitement liés puisque la liberté concrète exige que le pour-soi surgisse dans le monde, et qu'il y soit quelque part, ici ou là. Autrement, le pour-soi ne pourrait envisager la moindre action et serait comme privé de ses mains. Notons, en outre, que l'engagement pas plus que la liberté ne résulte d'un choix : je suis condamné à être libre et donc à m'engager en poursuivant telle ou telle fin. Pour Sartre, « je n'existe que comme *engagé* » et, insiste-t-il, « la liberté du pour-soi est toujours engagée » (EN, 331 et 524). *Qu'est-ce que la littérature ?* peut donc faire sienne l'injonction du pari pascalien : « Oui, mais il faut parier. Cela n'est pas volontaire, vous êtes embarqués ». En effet, pour Sartre comme pour Pascal, nul ne peut quitter le navire et redescendre à terre. Ou pour le dire à l'aide d'une autre métaphore, les jeux sont faits. S'il nous semble possible de ne pas choisir, cela nous est en réalité ontologiquement interdit puisque ne pas choisir c'est encore choisir : choisir de ne pas choisir. De ce point de vue, tout en étant sa négation, l'indifférence est elle-même une forme d'engagement en tant qu'acte ou conduite fondé sur le choix d'un certain rapport au monde : l'indifférence.

L'engagement n'est donc pas originairement une exigence morale mais une nécessité de fait de la condition humaine. C'est pourquoi l'authenticité n'est ici rien d'autre que la claire conscience d'un tel engagement.

Toutefois, l'engagement peut acquérir une signification éthique en tant que libre choix de combattre le mal. Aussi, pour la clarté de notre propos, devons-nous désormais distinguer entre un engagement facticiel, un engagement existentiel et, enfin, un engagement éthique qui répond à l'exigence de combattre l'injustice. Parce que son pédagogue lui a enseigné la liberté abstraite des traités de philosophie, Oreste, le héros des *Mouches*, se croit « libre pour tous les engagements et sachant qu'il ne faut jamais s'engager ». Mais Oreste découvre la véritable liberté, qui est une liberté nécessairement engagée qui assume en toute conscience sa naissance : orphelin d'un père assassiné, Oreste venge la mémoire d'Agamemnon en tuant Egisthe et Clytemnestre. Moralité : à l'opposé d'un Flaubert – dont « le désengagement furieux n'est que l'envers d'un engagement total qui a commencé dès l'enfance » (ES, 429 ; SX, 112) –, le sujet ne doit pas chercher à se masquer son engagement (facticiel et existentiel) mais doit l'assumer en toute lucidité sous la forme d'un engagement éthique et politique (QLL, 83-84).

Les arts signifiants

Afin d'aborder la question de l'engagement en littérature, nous pouvons par commodité prendre pour fil conducteur le texte d'une conférence, *La responsabilité de l'écrivain*, dont on retrouve les thèses essentielles dans le livre manifeste de 1948, *Qu'est-ce que la littérature ?* ainsi que dans différents articles et entretiens. Cette conférence sur la responsabilité et l'engagement de l'écrivain fut prononcée en 1946 dans le cadre de l'Unesco. Elle repose sur une distinction décisive, qui est au cœur de l'esthétique sartrienne, et que Sartre réitère sa vie durant : la distinction entre sens et signification et, par suite, entre arts non signifiants et arts signifiants. Comme nous allons le voir, parce qu'en littérature les mots sont des signes plutôt que des choses, Sartre confère à l'écrivain une responsabilité spécifique que ne partagent ni le peintre ni le musicien – ni même le poète qui est à cet égard plus proche du musicien que de l'écrivain. C'est pourquoi, en un sens, la question de l'engagement ne concerne que les seules œuvres littéraires.

En effet, prose et poésie correspondent à deux attitudes d'esprit bien différentes : tandis que le poète considère les mots pour eux-mêmes comme des objets naturels, l'écrivain selon Sartre se sert des mots comme Monsieur Jourdain pour demander ses pantoufles ou Hitler pour déclarer la guerre à la Pologne (QLL, 25). Dans ces deux derniers cas, les mots sont des signes conventionnels, des véhicules d'idées. De même, pour l'écrivain, les mots ne sont pas « d'abord des objets mais des désignations d'objets » (RE, 10 ; QLL, 25). Il en résulte que la prose possède le pouvoir spécifique de dire le monde, mieux : de le dévoiler au sens phénoménologique du terme, c'est-à-dire de le faire apparaître. Sartre reprend ici le concept heideggérien de dévoilement, et établit ce faisant un lien étroit entre littérature et vérité. Mais ce dévoilement du monde ne peut être un geste purement théorique. Car nommer une chose, la dévoiler, c'est inévitablement la transformer, ne serait-ce qu'en la faisant sortir de l'ombre et en l'exposant à la vue de tous. À ce propos, Sartre évoque à plusieurs reprises un épisode de *La Chartreuse de Parme* : « Vous connaissez cette phrase fort belle et fort significative de *La chartreuse de Parme ?* La Sanseverina et Fabrice ont l'un pour l'autre un sentiment indéfinissable qui inquiète beaucoup le comte Mosca.

Celui-ci, en voyant s'éloigner la voiture qui les emporte, s'écrie : "Si le mot d'amour vient à être prononcé entre eux, je suis perdu" » (RE, 20 ; QLL, 29). Autrement dit, si le mot « fatal » surgit entre Fabrice et sa tante, le sentiment qu'ils éprouvent *immédiatement* l'un pour l'autre, sans en avoir clairement conscience, prendra forme. Il ne restera plus alors au comte qu'à se retirer.

Dans cet esprit, Sartre écrit : « Opprimer les Nègres, ça n'est rien tant que quelqu'un n'a pas dit : les Nègres sont opprimés. Jusque-là, personne ne s'en aperçoit, peut-être même pas les Nègres eux-mêmes : mais il ne faut qu'un mot pour que cela prenne un sens » (RE, 18-19). Nous comprenons quel peut être, quel doit être le rôle de l'écrivain : *via* la fiction, l'irréel, dévoiler le réel et, ce faisant, participer au combat contre les mille et une formes d'oppression, d'aliénation, d'injustice, bref se mettre au service de la liberté (ES, 698). Et ce combat, l'écrivain le mène à sa manière, non pas en recourant à la violence mais, tout au contraire, en refusant la violence. Ce refus ne tient pas à quelque condamnation intransigeante de la violence sous toutes ses formes et en toute occasion – pour Sartre, la question n'est jamais de condamner toute violence mais seulement la violence inutile (RE, 56) – mais se trouve intrinsèquement lié à la nature de la littérature qui est affirmation perpétuelle de la liberté humaine. La littérature, du moins la bonne littérature, est en effet une création libre qui s'adresse à une liberté sans tenter de l'asservir, et qui est au service de la liberté (RE, 29 ; QLL, 55-56).

De ce point de vue, on peut situer l'engagement littéraire à mi-chemin entre deux extrêmes que Sartre rejette aussi vigoureusement l'un que l'autre : l'art pur ou encore l'art pour l'art ; la « littérature » de propagande qu'illustra en son temps la doctrine du réalisme socialiste. D'un côté, en effet, l'œuvre littéraire ne saurait se satisfaire d'être une belle irresponsable, de se poser comme une fin en soi et de se couper du monde et de son tumulte. Soit dit en passant, s'il est une théorie que Sartre « vomit », et le terme n'est pas trop fort, c'est bien celle exposée par Th. Gautier dans sa fameuse préface à *Mademoiselle de Maupin*, et selon laquelle « il n'y a de vraiment beau que ce qui ne peut servir à rien ; tout ce qui est utile est laid […]. L'endroit le plus utile d'une maison, ce sont les latrines ». Au contraire, pour Sartre, comme il le répète en 1960 dans un entretien avec Madeleine Chapsal, « si la littérature n'est pas *tout*, elle ne vaut pas une heure de peine. C'est cela que je veux dire par "engagement". Elle sèche sur pied si vous la réduisez à l'innocence, à des chansons. Si chaque phrase écrite ne résonne pas à tous les niveaux de l'homme et de la société, elle ne signifie rien. La littérature d'une époque, c'est l'époque digérée par sa littérature » (SIX, 15). À rebours donc d'une littérature qui se veut innocente et se croit dépourvue de responsabilité, l'œuvre littéraire doit tout à la fois partager les joies, les tourments, les interrogations, les ambitions de son époque, et la dépasser vers l'avenir (ES, 674 ; SX, 113).

Mais, d'un autre côté, tout en condamnant cette volonté de désengagement qui anime l'art pour l'art, et qu'il retrouve chez Flaubert, Sartre demeure profondément attaché à la beauté de l'œuvre qui distingue l'œuvre littéraire de la prose en général, et dont le souci doit être au cœur de toute activité artistique : « Le beau n'est même pas le but de l'art, c'en est la chair et le sang, l'être » (SIV, 365). C'est pourquoi l'œuvre littéraire ne doit surtout pas renoncer à son caractère littéraire pour verser dans l'édification de ses lecteurs ou dans la propagande politique. « Dans "littérature engagée", écrit Sartre, l'engagement ne doit en aucun cas faire oublier la littérature » (SII, 30). En outre, parce que la propagande veut manipuler et asservir, elle se situe aux antipodes de l'œuvre littéraire qui s'adresse au lecteur en tant que liberté. Telle est la véritable signification du recul esthétique : « ce n'est pas qu'on ne veuille pas que je m'indigne contre une injustice, ce n'est pas qu'on veuille présenter les choses à mon impartialité ; non : on veut engager mon jugement, mais on veut l'engager librement. On ne s'adresse pas aux entrailles, on s'adresse à ce qu'il y a de proprement humain dans l'homme, c'est-à-dire à la liberté » (RE, 26 ; ES, 721). La propagande, c'est la mort de la littérature.

Reste la question des lecteurs : pour qui écrit-on ?, question fondamentale à laquelle Sartre consacre un bon tiers de *Qu'est-ce que la littérature ?* « Littérature de l'urgence », la littérature engagée s'adresse aux hommes qui partagent ses préoccupations, c'est-à-dire aux hommes de son temps. L'engagement littéraire doit donc être « un engagement dans le présent », et il est vain de s'évader dans un dialogue avec les morts ou avec les hommes qui ne sont pas encore nés (ES, 670). Dans ce dernier cas, nul ne peut savoir par avance le sort que les siècles futurs réserveront à son œuvre. Sartre dénonce même la tentation de ce qu'il appelle jouer avec le diable. Car la fortune d'une œuvre à travers les siècles, c'est précisément « la part du diable » (SII, 52), c'est-à-dire ce qui d'une œuvre échappe totalement à son auteur. Il est possible comme Sartre l'envisage que « Céline demeurera seul de nous tous » (ES, 675). Qui sait ? Mais, peu importe ! Par ailleurs, il faut savoir à qui d'entre ses contemporains l'écrivain peut s'adresser. Sans doute l'écrivain voudrait-il être lu par ceux (paysans et ouvriers) dont il souhaite la libération, mais cela n'est pas possible. Il lui faut donc se contenter de ces bourgeois éclairés qui « savent que le libéralisme a fait son temps » (RE, 43-44). Ainsi, contrairement à Stendhal, Sartre refuse d'écrire pour la postérité et regrette de ne pouvoir toucher qu'une « heureuse élite ».

Les arts non signifiants

Mais est-il possible « d'enrôler » musique et peinture au même titre que la littérature ? La réponse va de soi pour Sartre : il n'est pas question d'engager peinture, sculpture et musique, « ou, du moins, pas *de la même manière* ». Car « c'est une chose que de travailler sur des couleurs et des sons, c'en est une autre de s'exprimer par des mots » (QLL, 13-14). De quelle manière sera-ce alors possible ?

Il nous faut repartir de l'opposition sartrienne entre les arts signifiants et les arts non signifiants, les œuvres qui, animées d'une signification, disent quelque chose, et celles qui ne l'étant pas demeurent muettes. Une sonate, une rapsodie, une symphonie, à la différence d'un opéra ou d'un oratorio, sont totalement dépourvues de signification. « Que peuvent donner les sons ? Une grosse bouffée d'héroïsme sonore ; c'est le verbe qui spécifiera » (SIV, 27). En toute rigueur, il n'y a pas de langage musical, et il revient à la parole seule de mettre la musique au service de la ligue ou du roi, de chanter l'électrification de l'U.R.S.S. et les louanges de Staline. En outre, comme pour la « littérature de propagande », Sartre est convaincu que l'assujettissement, mieux : l'aliénation de l'art à une cause aussi respectable soit-elle, ne peut être que désastreuse. De deux choses l'une en effet, ou l'artiste trahit son art ou il trahit la cause. Dans le premier cas, il soumet son art à des exigences qui lui sont étrangères : voulant servir la cause pour laquelle il combat, il recherche une large audience, pratique un art que tout le monde comprend, et tombe dans l'académisme. Dans le second cas, il n'obéit au contraire qu'aux exigences de son art mais dès lors lui sacrifie la cause (SIV, 366).

Et pourtant, Sartre va tenter de montrer de quelle manière peinture et musique peuvent être engagées. Ainsi, dans la préface qu'il rédigea en 1950 au livre de son ami, le compositeur René Leibowitz, Sartre cherche à dégager la possibilité d'un engagement musical ou pictural à partir de l'idée que si l'œuvre est dépourvue de signification, elle n'en a pas moins un sens. Par exemple, écrit Sartre, « ce sourire de la Joconde, je dirais qu'il ne "veut" rien dire mais qu'il a un sens : par lui se réalise l'étrange mélange de mysticisme et de naturalisme, d'évidence et de mystère qui caractérise la Renaissance ». En sorte que c'est toute la Renaissance « qui sourit sur les lèvres de la Joconde » (SIV, 30). De même, si la musique est muette, c'est toutefois « une belle muette aux yeux pleins de sens ». Et ce sens n'est rien d'autre que la présence en elle « de l'époque entière et de sa conception du monde » (SIV, 31). C'est pourquoi jamais l'œuvre d'un Schumann ou d'un Ravel n'eût pu être composée aux temps de Lully ou de Rameau.

En outre, tout en étant *dans* son époque, l'œuvre d'art se tient hors d'elle. Elle est le fruit positif d'une négativité créatrice qui instaure contre la tradition d'autres règles. Sartre fait sienne la définition par Malraux de la création qui est, à l'origine, la lutte « d'une forme en puissance contre une forme imitée » (SIV, 22). De ce point de vue, l'artiste véritable est « en avance » sur son temps (SIV, 33), et à sa manière, *via* sa création, annonce à ses contemporains un autre monde. Ainsi Sartre envisage la possibilité pour un art non signifiant tel que la musique d'être engagé, et pour le musicien de chanter, sans aucune intention *littéraire* et sans souci de *signifier*, « aujourd'hui ce monde-ci avec une voix future » (SIV, 36). Qu'elle le veuille ou non, l'avant-garde artistique est aussi une avant-garde politique. Mais reconnaissons que cet effort pour rendre possible l'engagement des arts non signifiants demeure jusqu'ici relativement vague et peu convaincant.

Sartre est cependant revenu à plusieurs reprises sur cette question. À propos notamment de la peinture, dans un entretien avec M. Sicard, Sartre soutient que « l'art est engagement ». Sans doute, un peintre qui veut peindre un tableau communiste est-il un mauvais peintre : nous retrouvons l'idée que la peinture ne doit être assujettie qu'à elle-même, et que « le seul souci de l'artiste doit être l'art » (SIV, 361). Mais un tableau peut néanmoins être engagé dès lors qu'il se rapporte à ce que font les hommes ou ce qu'ils ont à faire. Et dans ce cas, l'engagement du peintre n'est pas en lui-même politique, « c'est plutôt une manière d'être dans une direction sociale, humaine, et de lui donner un sens » (Revue Obliques, 1981, 20). Pour éclaircir ce point, nous pouvons reprendre l'analyse à laquelle Sartre se livre en 1961, en pleine guerre d'Algérie, des œuvres du peintre Robert Lapoujade dans un texte que l'on peut lire également comme un manifeste en faveur de l'art non figuratif (SIV).

Tel Guardi qui, contrairement à Canaletto, ne s'occupe que de problèmes plastiques, Lapoujade ne met son pinceau au service d'aucune cause ; il s'attache seulement à « interroger la peinture, de l'intérieur, sur son mouvement et sa portée ». En outre, ses œuvres sont résolument non figuratives. Elles ne possèdent donc pas cette unité visible ou fausse unité qui permet au spectateur d'identifier une crucifixion, un compotier ou une odalisque, et qui bien souvent l'égare en le détournant de ce qui est à saisir : l'unité secrète de l'œuvre qui est sa véritable unité. Pourtant, paradoxalement, elles n'en *communiquent* que mieux la singularité de leur époque et sa réalité dans la mesure où elles sont habitées par cette unité invisible et indécomposable, qui est aussi, en tant qu'intuition refusée, son unité transcendante, et qui n'est autre qu'une certaine *présence* ou, si l'on préfère, son sens. Ainsi, chez Lapoujade, écrit Sartre, « la figure humaine, en particulier, cachait la peine des hommes ; elle disparaît et, dans le tissu même de l'art, quelque chose naît de cette mort ; ceci : victimes torturées, villes rasées, foules massacrées ». Sartre en conclut que Lapoujade réussit par « les exigences même de l'abstrait ce que le figuratif n'a jamais pu faire » (SIV, 365).

Il serait vain d'attribuer une telle prouesse à l'on ne sait quel génie du peintre ou quelque autre prérogative. Tout au contraire, comme le souligne le titre même du texte de Sartre, Lapoujade est « le peintre sans privilèges » ; il incarne à sa manière ce que Marx annonce : un jour il n'y aura plus de peintres mais tout juste des hommes et qui peindront. En d'autres termes, Lapoujade n'est pas un artiste distinct des autres hommes, ou encore le serviteur zélé d'un prince, mais un homme parmi les hommes. C'est pourquoi Lapoujade peut être un nouveau peintre des foules dont il s'efforce d'incarner la présence sans recourir à la figuration. Ainsi nous rencontrons chez ce peintre un double refus : refus du privilège et refus de la figuration qui ne font qu'un seul et même « engagement du peintre et de l'homme » (SIV, 383). Nous comprenons ainsi que peintre et peinture peuvent *à leur manière* être engagés, sans pour autant délivrer de message, puisque par son engagement humain et artistique, le peintre peut communiquer à ses contemporains un sens qui renvoie au monde de son époque.

On sait que le jeune Sartre recherche dans l'art et la littérature une manière de salut : l'œuvre, par la grâce de sa nécessité interne justifierait sa propre existence et, du même coup, celle de son auteur. Mais si Antoine Roquentin partage cette illusion et pense trouver dans l'écriture un remède à la révélation de sa contingence, Sartre pour sa part, tandis qu'il achève *La Nausée*, n'y croit déjà plus et dénie à l'art toute vertu salvatrice. Aussi écrit-il quelques années plus tard : « Le plus beau livre du monde ne sauvera pas la douleur d'un enfant : on ne sauve pas le mal, on le combat » (ES, 671). C'est à une exigence éthique et politique que répond donc la littérature engagée qui est avant tout une littérature de combat, une littérature non de situations moyennes mais de situations extrêmes, et dont les écrivains sont « méta-physiciens » au sens où il leur faut « embrasser du dedans la totalité de la condition humaine » (QLL, 221).

On entrevoit toute la difficulté et peut-être l'impasse d'une semblable littérature qui, résolument au service de la liberté, s'attache à dévoiler le monde pour, du même coup, le transformer. Car cette littérature ne veut pas pour autant renoncer à elle-même et aux exigences esthétiques qui lui sont propres. Notons que Sartre, loin d'avoir ignoré cette difficulté, s'est lui-même heurté dans son œuvre à cette double exigence semble-t-il contradictoire d'autonomie et d'hétéronomie. Il arrive en effet que ce héraut de l'engagement finisse par s'en lasser : en 1952, dans une lettre à son amie Michelle Vian, alors qu'il était plongé dans la rédaction de son pensum politique, *Les communistes et la paix*, Sartre s'exclame : « Vivement la littérature dégagée ». Il faisait alors allusion à un texte de « pure » littérature, *La reine Albemarle ou le dernier touriste*, dont il avait suspendu l'écriture, et dans lequel il s'abandonnait au plaisir d'écrire et de décrire cette Italie qu'il n'a cessé d'aimer.

Nous retrouvons une difficulté analogue avec la peinture et, plus généralement, les arts non signifiants. Figurative ou non figurative, l'œuvre picturale possède un sens ; et même si les couleurs ne sont pas des signes, elles n'en permettent pas moins de communiquer ce que d'autres éprouvent. Dès lors, les arts non signifiants peuvent *à leur manière* participer à la lutte contre le mal. Mais n'est-ce pas à leur détriment ? Sans doute Sartre refuse-t-il tout assujettissement idéologique de l'activité artistique, et ne cesse de dénoncer ces belles âmes qui ont entrepris de nous émouvoir en peignant de longues files d'ouvrier attendant l'embauche dans la neige, et qui du reste ne touchent pas plus que Jean-Baptiste Greuze et son *Fils prodigue*. (QLL, 17). Nous l'avons vu, pour Sartre, « le seul souci de l'artiste doit être l'art » (SIV, 370). Mais on peut néanmoins se demander si cette volonté d'inscrire les arts non signifiants dans le combat contre le mal ne participe pas d'une esthétique idéaliste dont l'hégélianisme nous offre le modèle et qui confère à l'art une mission spirituelle.

Le compagnon de route
du Parti Communiste Français (P.C.F.)

On a du mal à concevoir de nos jours, quelque trente ans après la chute du mur de Berlin (1989) – « mur de la honte » pour les uns, « mur de protection antifasciste » pour les autres et qui, de fait, avait été construit pour empêcher les Allemands de l'Est (R.D.A.) de se rendre à l'Ouest (R.F.A.) –, la place prise par les communistes dans la vie intellectuelle qui suit la seconde guerre mondiale. Afin de donner ici une idée de la violence des débats, on se contentera de rappeler le procès Kravtchenko qui débute en janvier 1949. L'auteur, Victor Kravtchenko, a fui l'Union soviétique en 1944 et a publié à New York *I chose freedom*. Il y dénonce, notamment, la dictature du parti, les famines provoquées par la collectivisation de l'agriculture, et surtout les camps de travail forcé du Goulag, dont l'existence est officiellement niée par le P.C.F. et que certains tiennent pour une invention de la propagande anticommuniste lorsque ce n'est pas pour « un des plus beaux titres de gloire du régime soviétique » (Pierre Daix). Le livre est traduit en français sous le titre *J'ai choisi la liberté : la vie publique et privée d'un haut fonctionnaire soviétique*. Un journal proche du Parti communiste français, *Les Lettres françaises*, accuse Kravtchenko d'être – injure suprême – à la solde de la C.I.A. Kravtchenko poursuit le journal en diffamation. Le procès dure deux mois. Les débats sont particulièrement houleux. Kravtchenko finit par gagner son procès. Un an après, Sartre signe avec Merleau-Ponty un article dans la revue *Les Temps modernes* dénonçant les millions de prisonniers dans les camps en Union soviétique.

À cette époque, les débats politiques sont largement dominés par la guerre froide qui oppose, à partir de 1947, les États-Unis et leurs alliés, d'une part, l'Union soviétique et le bloc des pays dits de l'Est, d'autre part, et qui divise alors profondément la société. En France comme ailleurs, chacun est sommé de choisir son camp : pour ou contre l'Union soviétique, pour ou contre le Parti Communiste Français (P.C.F.). Dans une telle situation, y a-t-il place pour une troisième voie ? C'est ce dont Sartre tente de se convaincre tandis qu'il participe (1947-1949) à l'éphémère Rassemblement Démocratique révolutionnaire (R.D.R.), organisation politique qui ne se veut ni communiste ni anticommuniste mais à la fois socialiste et démocratique. Ainsi, le R.D.R. rejette l'exploitation capitaliste comme les compromissions de la social-démocratie et s'il combat pour l'émancipation sociale, il exige le respect des valeurs démocratiques, ce qui lui aliène définitivement le P.C.F. Comme le note Michel Kail, son succès fut « aussi fulgurant qu'éphémère » (DS, 416). D'une part, le R.D.R. demeure un mouvement essentiellement d'intellectuels, qui ne parvient pas à se donner une base populaire. D'autre part, ses membres se divisent sur la question de l'attitude à adopter vis-à-vis du P.C.F. et de l'U.R.S.S. : alors que David Rousset, anticommuniste résolu, cherche un appui politique et financier du côté des syndicats américains, Sartre est pour sa part persuadé que rien ne peut se faire contre le P.C.F. Il démissionne en 1949.

Ainsi, comme nous l'avons vu, Sartre se rapproche progressivement du P.C.F. et, à partir de 1952, en devient le « compagnon de route ». C'est à cette époque, entre 1952 et 1954, qu'il publie dans la revue *Les Temps modernes* une série d'articles rassemblés sous le titre « Les communistes et la paix » (SVI). Il y précise sa position par rapport aux communistes et écrit en ce sens : mon but « est de déclarer mon accord avec les communistes sur des sujets précis et limités à partir de mes principes et non des leurs ». Il dénonce à cette occasion les thèses des « rats visqueux de l'anticommuniste » et soutient les grandes manifestations organisées par le P.C.F. contre les États-Unis, à l'occasion de la venue en France du général Ridgway. Il soutient également la nécessité d'une organisation politique telle que le P.C.F., sans laquelle, conformément aux analyses (futures) de la *Critique de la raison dialectique*, la classe ouvrière est condamnée à la dispersion et à l'inaction. De retour d'un voyage en U.R.S.S., Sartre n'hésite pas à écrire dans une série d'articles publiée en juillet 1954, un an après la mort de Staline, « que l'homme soviétique a le sentiment d'un progrès constant et harmonieux de sa propre vie et de la vie sociale » (DS, 371).

Même si, en 1961, dans son hommage à M. Merleau-Ponty, Sartre déclare encore : « un anticommuniste est un chien, je ne sors pas de là, je n'en sortirai plus jamais » (SIV, 248-9), il s'est à vrai dire déjà considérablement éloigné du P.C.F. Il dénonce ainsi, en 1956, dans son texte « Le Fantôme de Staline » (SVII), l'intervention soviétique en Hongrie, qui visait à réprimer militairement l'insurrection hongroise. Alors que cette intervention est approuvée par le P.C.F., qui tient l'insurrection pour un putsch fasciste, fomenté et armé par des impérialistes infiltrés, Sartre, au contraire, déplore que les chars russes aient « tiré au nom du socialisme sur les prolétariats du monde ». Le P.C.F., premier parti ouvrier de France, est qualifié de « parti monstrueux » (DS, 182-183) qui, loin d'aspirer à un changement révolutionnaire, y a en réalité renoncé, comme Sartre le déclare quelques années plus tard, en 1968, dans un entretien intitulé : « Les communistes ont peur de la révolution » (SVIII). Par la suite, Sartre se rapproche des maoïstes français de La Gauche Prolétarienne. Non qu'il partage leur admiration pour le petit livre rouge de Mao ou leur haine du patronat français qu'ils assimilent à de nouveaux nazis tandis que la C.G.T. est tenue pour une association de collabos, mais du moins conservent-ils intacte leur foi dans la lutte des classes et la violence révolutionnaire, qui seule est en mesure de mettre un terme à l'exploitation capitaliste de l'homme par l'homme (DS, 304).

Avant de retrouver cette question de la nécessité et de la légitimité de la violence dans le cours de l'histoire, il convient de préciser en quel sens Sartre reste attaché à l'idéal démocratique tout en rejetant totalement, à la différence du P.C.F. qui participe aux différents scrutins électoraux, la démocratie sous sa forme parlementaire. Dans un article de 1973, repris dans *Situations X*, intitulé : « Élections piège à cons », Sartre appelle les électeurs à ne pas voter aux prochaines élections législatives et analyse à cette occasion le principe même des élections. Reprenant certains concepts élaborés dans la *Critique de la raison dialectique*, Sartre dénonce l'atomisation, mieux : la sérialisation qu'impose l'isoloir, symbole par excellence de la démocratie bourgeoise, qui aliène les individus en les réduisant à ce qu'ils ne sont pas, c'est-à-dire des entités abstraites, coupées des différentes communautés, notamment socioprofessionnelles, auxquelles les individus appartiennent. Dans une sorte de prosopopée de l'isoloir, Sartre écrit : « L'isoloir, planté dans une salle d'école ou de mairie, est le symbole de toutes les trahisons que l'individu peut commettre envers les groupes dont il fait partie. Il dit à chacun : "Personne ne te voit, tu ne dépends que de toi-même ; tu vas décider dans l'isolement et, par la suite, tu pourras cacher ta décision ou mentir". Il n'en faut pas plus pour transformer tous les électeurs qui entrent dans la salle en traîtres en puissance les uns pour les autres » (SX, 77).

À cette pseudo démocratie purement formelle, qui assure le maintien au pouvoir politique de la bourgeoisie, Sartre oppose la démocratie directe qui n'a pas plus besoin de représentants que de députés ou de chefs et qui trouve son modèle dans le groupe en fusion. Sans doute cette démocratie est-elle illégale. Elle n'en est pas moins légitime dans la mesure où elle seule permet à des hommes d'incarner le peuple en surmontant leur séparation et en luttant ensemble contre l'injustice. Ainsi « la Résistance fut une démocratie véritable : pour le soldat comme pour le chef, même danger, mêmes responsabilités, même absolue liberté dans la discipline » (RR, 26 ; SIII, 14). Cette critique sartrienne de la démocratie n'est pas sans rappeler le refus par Rousseau de toute délégation (aliénation) du pouvoir souverain. En outre, en stigmatisant dans la démocratie un régime bourgeois, elle s'inscrit également dans le fil de sa critique par le marxisme-léninisme. Rappelons que Marx, dans *Le 18 Brumaire de Louis Bonaparte*, tourne en dérision le « crétinisme parlementaire » et, dans *La guerre civile en France*, assimile la démocratie capitaliste à un système qui autorise les opprimés à décider périodiquement « quel sera, parmi les représentants de la classe des oppresseurs, celui qui les représentera et les foulera aux pieds au parlement » (SVI, 74).

Le combat contre le colonialisme :
une apologie de la violence ?

L'anticolonialisme est sans doute de l'un des grands combats de Sartre. Car le colonialisme, pour Sartre, est un système destiné à exploiter les colonisés et qui est à l'origine d'une violence multiforme des puissances coloniales, comme l'attestent, entre autres, les massacres de Madagascar (1947), la guerre d'Indochine puis la guerre d'Algérie. Face à cette violence et parce que le colonialisme est un système qui ne peut être réformé, il n'est d'autre solution que la violence des colonisés qui, seule, leur permettra de redevenir des hommes. C'est ce qui conduit Sartre à déclarer, dans une préface au livre de Franz Fanon, *Les Damnés de la terre*, « [l]'arme d'un combattant, c'est son humanité. Car, en ce premier temps de la révolte, il faut tuer : abattre un Européen c'est faire d'une pierre deux coups, supprimer en même temps un oppresseur et un opprimé : restent un homme mort et un homme libre ». De nos jours encore, le propos ne laisse pas de choquer. Essayons toutefois sinon de l'approuver du moins de le comprendre.

Dans un texte de 1957 consacré à Albert Memmi, et intitulé : « *Portrait du colonisé* précédé du *Portrait du colonisateur* », Sartre indique brièvement ce qui les sépare d'un point de vue philosophique : dans la Tunisie sous protectorat français, Albert Memmi voit, nous dit Sartre, une « situation là où je vois un système » (SV, 53 note 1). Pour comprendre l'importance de la distinction, il convient de se souvenir que le concept de situation est au cœur même de *L'Être et le néant* où la liberté visée est toujours une liberté en situation. Tel n'est plus le cas dans la *Critique de la raison dialectique* dont le point de départ est l'organisme pratique dans un environnement matériel, et la liberté visée une liberté aliénée. C'est dans ce cadre théorique que Sartre élabore la notion de système, qui est déjà au cœur de son article consacré en 1956 à l'Algérie et intitulé : « Le colonialisme est un système ». Sartre y expose – exposé dont la *Critique de la raison dialectique* corrigera le caractère par trop schématique (CRDI, 795-797) – comment, après la conquête de l'Algérie par Bugeaud et quelques tâtonnements, le système colonial s'instaure au cours du Second Empire. De ce point de vue, « la colonisation, nous dit Sartre, n'est ni un ensemble de hasards ni le résultat statistique de milliers d'entreprises individuelles » (SV, 26), mais un système, c'est-à-dire une organisation à la fois politique, sociale et économique qui a une finalité déterminée. Elle est le fruit de la *praxis* et répond en tant que tel à un projet dont Jules Ferry fut le théoricien : la colonisation aurait alors pour finalité d'ouvrir de nouveaux débouchés aux produits manufacturés de la métropole que les colons achèteraient grâce aux revenus qu'ils tirent de la surexploitation de la main d'œuvre des pays colonisés, dont la production est vendue à la métropole. Ainsi le colon est-il, écrit Sartre, « un acheteur artificiel, créé de toutes pièces au-delà des mers par un capitalisme qui cherche de nouveaux marchés ». C'est ce système que la *Critique de la raison dialectique* appelle « le circuit économique colonie-métropole » et qui est lui-même un avatar du système capitaliste (SV, 29 ; CRDI, 801).

L'idée que la colonisation débouche sur la mise en place d'un *système* est à vrai dire lourde d'implications politiques, s'il est vrai qu'on ne *réforme* pas un système qui engendre la haine. En effet, pas de colonisation sans haine *des* colonisés, c'est-à-dire sans haine des colons pour les colonisés *et* des colonisés pour les colons. La haine n'est plus le libre choix d'une conscience en situation, comme le supposaient encore les *Réflexions sur la question juive*, mais elle est désormais, après avoir accompagné son instauration, le produit d'un système. Ainsi apparaît dans l'œuvre de Sartre l'idée d'une affectivité aliénée dans « l'enfer pratico-inerte », qui est le système colonial lui-même au sein duquel colons et colonisés éprouvent de la haine les uns envers les autres en tant qu'ils sont Autres (CRDI, 798). En effet, la haine des pères s'est déposée dans les choses, c'est-à-dire qu'elle s'est constituée en un système pratico-inerte à l'intérieur duquel elle représente la structure fondamentale de réciprocité entre colons et colonisés. Cette haine découvre au colon le colonisé comme Autre, c'est-à-dire comme autre que l'homme ou sous-homme et comme ennemi. Ce faisant, la haine raciste engendre sa propre justification et la violence qui l'accompagne semble aux colons relever de la légitime défense contre des hommes qui sont avant tout leurs ennemis (CRDI, 801).

Pour ce qui concerne la haine des colonisés pour les colons, il convient d'éviter deux erreurs symétriques. Soit placer la haine qui anime les colonisés sous le seul registre de cette affectivité aliénée dans l'enfer pratico-inerte, dont les colonisés seraient alors, tout comme les colons, les simples acteurs passifs. Ce qui reviendrait à éliminer de l'histoire la *praxis* proprement dite, et à réduire la lutte entre colons et colonisés à une « double aliénation contraire de deux sérialités dans le pratico-inerte » (CRDI, 813). Inversement, la haine des colonisés ne peut être une pure *praxis*, ce qui aboutirait à délier la *praxis* de son inscription dans le processus de surexploitation du système colonial (CRDI, 814). Ainsi, dans son article de 1961 consacré à Frantz Fanon, « Les Damnés de la terre » (SV, 167 *sq.*), Sartre offre cette double réponse. D'une part, le désir permanent de tuer ressortit à la constitution passive des colonisés. La haine des colonisés est comme chez les colons une disposition (*hexis*) en tant que résultat de la violence coloniale et du système qu'elle a permis d'instaurer. L'aliénation est réciproque et tandis que le colon « se prend pour une cravache ou un fusil », le colonisé est transformé en un être hybride mi-homme mi-bête qu'on appelle l'indigène et dont la haine, « faute d'éclater, tourne en rond et ravage les opprimés eux-mêmes » dans des guerres fratricides (SV, 179). En d'autres termes, les colonisés en viennent à se massacrer entre eux, ils retournent leur haine contre eux-mêmes, faute de pouvoir s'attaquer à son véritable objet. C'est ainsi que les colonisés se défendent contre l'aliénation en renchérissant sur l'aliénation.

D'autre part, et nous comprenons alors pourquoi Sartre lui accorde une telle valeur, la haine et la violence des colonisés peuvent se métamorphoser et frayer la voie vers la liberté. Car, selon les conditions historiques, la sérialité s'évanouit ici ou là et ouvre la possibilité d'une *praxis* commune au sein de laquelle la fraternité-terreur se substitue à la haine sérielle. C'est le moment où la contradiction explose et où les colonisés découvrent leur ennemi véritable ; c'est le moment dit « du boomerang », au sens où la violence des insurgés n'est rien d'autre que la violence des colons qui, par la médiation des colonisés, fait retour sur les colons, et qui coïncide avec le dernier acte du colonialisme. Dès lors, la haine n'est plus « une absurde tempête ni la résurrection d'instincts sauvages ni même un effet du ressentiment : c'est l'homme lui-même se recomposant ». Elle est une haine nouvelle qui est la sœur d'une fraternité nouvelle que découvrent les colonisés lorsqu'ils s'unissent : « leur amour fraternel est l'envers de la haine qu'ils vous [colons et métropole] portent » (SV, 184). La haine est devenue profondément humaine car elle s'est métamorphosée en libre *praxis*. Elle est bien le « seul trésor » des colonisés qui leur permettra de risquer leur vie et de conquérir la liberté (SV, 178).

CONCLUSION :
AUTHENTICITÉ *VS.* INAUTHENTICITÉ ET AU-DELÀ

L'Être et le néant s'achève sur cette annonce : « Toutes ces questions, qui nous renvoient à la réflexion pure et non complice, ne peuvent trouver leur réponse que sur le terrain moral. Nous y consacrerons un prochain ouvrage » (EN, 676). Sartre vient en effet de s'interroger sur la possibilité d'une liberté qui renoncerait à poursuivre l'impossible synthèse de l'en-soi et du pour-soi (« le règne de la valeur »). Une telle liberté pourrait-elle se vouloir elle-même ? Que serait une morale ou éthique de la liberté ? De fait, Sartre n'a pas rédigé cet ouvrage. Mais cela ne signifie pas qu'il ait négligé les questions morales ou éthiques. Il y a consacré au contraire plusieurs textes, à commencer par les *Cahiers pour une morale*, dont les 600 pages, écrites en 1947 et 1948 sont demeurées à l'état de manuscrit jusqu'à leur publication posthume en 1983. On est évidemment tenté de se demander si cet inachèvement – qui n'a rien d'exceptionnel chez un auteur tel que Sartre – est ou non le signe d'une difficulté voire d'une impasse philosophique. L'existentialisme sartrien n'est-il pas finalement incapable d'élaborer une morale quelque peu consistante à partir de sa conception de la liberté ?

Même si cela va sans dire, il convient avant tout de rappeler que la réflexion morale de Sartre se situe délibérément après la mort de Dieu, dans une perspective humaniste au sens où il n'y a pas d'autre univers qu'un univers humain, pas d'autre législateur que l'homme, et qu'il incombe à l'homme de décider du bien et du mal, du vrai et du faux, et plus généralement de donner sens à une existence qui n'a pas *a priori* de sens. Il ne saurait donc y avoir une quelconque loi divine dont les prescriptions, à l'instar du décalogue pour le peuple hébreu, s'imposeraient à tout un chacun. De ce point de vue, Sartre peut faire sienne l'affirmation de Dostoïevski selon laquelle « si Dieu n'existe pas, tout est permis ». C'est même, écrit-il dans *L'Existentialisme est un humanisme*, « le point de départ de l'existentialisme » (EH, 36). Non pas que pour Sartre, toutes les conduites se valent ! Mais, bien comprise, la liberté signifie qu'il revient à chacun de choisir librement le vrai comme le bien, à l'instar du Dieu de Descartes qui « n'est point incliné par sa perfection à décider ce qui est le meilleur, mais c'est ce qu'il a décidé qui, par l'effet de sa décision même, est absolument bon » (SI, 407). Comme le révèle l'angoisse éthique, « ma liberté est l'unique fondement des valeurs » qui sont donc dépourvues de fondements religieux comme de fondements rationnels. Par suite, il faut admettre l'idéalité des valeurs, c'est-à-dire leur caractère subjectif : les valeurs trouvent leur fondement ontologique dans la réalité-humaine en tant que libre transcendance qui dépasse ce qui est vers ce qui n'est pas et auquel la liberté confère du même coup une valeur.

On comprend que rien, *a priori*, ne peut justifier l'adoption de telle ou telle échelle de valeurs et que l'homme, en tant qu'être par qui les valeurs existent, est *injustifiable*. L'angoisse éthique n'est rien d'autre que la reconnaissance de cette injustifiabilité de la liberté et de la contingence des valeurs (EN, 73). L'esprit de sérieux, tout à l'opposé, consiste à se dissimuler sa responsabilité éthique, c'est-à-dire à « considérer les valeurs comme des données transcendantes indépendantes de la subjectivité humaine » (EN, 674). L'esprit de sérieux s'oppose au jeu dans la mesure où le jeu est une activité dont l'homme est explicitement l'origine première et au sein de laquelle l'homme fixe lui-même la valeur et les règles de ses actes. Par là le jeu révèle la liberté à elle-même. Un homme sérieux au contraire rappelle volontiers qu'il n'est pas là pour jouer : il a du travail, une mission, des tâches l'attendent, d'autres hommes comptent sur lui. Il est au service du Bien pour lutter contre le mal. L'esprit de sérieux fuit la liberté en tant qu'elle est l'unique source des valeurs que l'esprit de sérieux s'emploie à hypostasier. Aussi l'esprit de sérieux est-il une forme de lâcheté, une manière de fuir sa liberté en objectivant les valeurs et en y obéissant comme à des impératifs transcendants et inconditionnés, autrement dit une conduite de mauvaise foi (EN, 74).

On retrouve dans *L'existentialisme est un humanisme*, cette idée de la responsabilité axiologique de la liberté lorsque Sartre compare le choix moral à la construction d'une œuvre d'art : dans un cas comme dans l'autre, il revient à la liberté d'inventer les règles puisqu'il n'y a pas plus de valeurs esthétiques *a priori* que de valeurs morales *a priori* (EH, 77). C'est ce que montre concrètement le cas de ce jeune homme, élève de Sartre, qui hésite pendant la guerre entre partir pour l'Angleterre et rejoindre les Forces Françaises Libres ou bien demeurer auprès de sa mère qui vit seule avec lui, très affligée par la demi trahison de son père et par la mort de son fils aîné. Pour Sartre, toutes les morales, kantienne ou autres, sont ici d'aucun secours et le jeune homme est « obligé d'inventer sa loi » (EH, 39, 78). En d'autres termes, l'homme est délaissé, c'est-à-dire condamné à choisir, et il n'y a pas de valeurs *a priori* à partir desquelles, et à l'abri desquelles, il lui serait possible de déterminer ce qu'il faut faire. Il revient donc à chacun d'inventer sa conduite, sans aucun appui et sans aucun secours. Remarquons toutefois que nos choix (se marier, rester célibataire, avoir des enfants ou ne pas en avoir, gagner sa vie ou vivre aux dépens des autres, etc.) ne sont jamais purement subjectifs. Qu'on le veuille ou non, nos choix non seulement nous engagent mais engagent aussi l'humanité entière. En effet, et c'est ce qui donne au Bien sa transcendance et son objectivité, le Bien est de l'ordre du devoir être et « poser le Bien en le faisant, c'est poser Autrui comme devant le faire » (CPM, 573-575). Sartre revient à plusieurs reprises sur cette idée qui lui permet de distinguer sa conception du choix de la théorie gidienne de l'acte gratuit (EH, 74). En outre, contrairement à une liberté qui se fuit, la liberté authentique ne peut vouloir qu'une chose : la liberté elle-même : « si une fois l'homme a reconnu qu'il pose des valeurs dans le délaissement, il ne peut plus vouloir qu'une chose, c'est la liberté comme fondement de toutes les valeurs » (EH, 82).

Il apparaît alors que cette morale de la liberté est inséparablement une morale de l'authenticité. Elle est, par exemple, au cœur des *Réflexions sur la question juive* lorsque Sartre invite le juif inauthentique « à se choisir *comme juif*, c'est-à-dire à réaliser sa condition juive » (RQJ, 165). Mais peut-être faut-il ici préciser la signification de ce concept d'authenticité. Emprunté à *Être et temps* de Heidegger, ce concept doit être compris à partir de la description ontologique du mode d'être de la conscience et du désir d'être qui la hante. Dès son surgissement, la conscience est inauthentique : elle fuit le mode d'être qui est le sien et, dans ses relations avec les autres notamment, poursuit l'impossible synthèse de l'en-soi et du pour-soi. L'authenticité résulte alors d'une conversion au terme de laquelle le sujet renonce à son désir d'être. C'est au nom de l'authenticité que Sartre condamne aussi bien l'esprit de sérieux que les lâches et les salauds. Tandis que les uns, les lâches, se cachent leur liberté comme leur responsabilité et rapportent leurs actions à ces causes extérieures ou intérieures, les autres, les salauds, « essaieront de montrer que leur existence était nécessaire, alors qu'elle est la contingence même de l'apparition de l'homme sur la terre » (EH, 85 ; EN, 530). C'est ce que parviennent parfaitement à faire, à la fin de « L'Enfance d'un chef », Lucien Fleurier, et, plus généralement, tout membre de la classe dominante qui est « homme de droit divin ». Sartre précise à ce propos : « Né dans un milieu de chef, il est persuadé dès son enfance qu'il est né *pour* commander [...]. Attendu par ses pairs, destiné à les relever en temps voulu, il existe parce qu'il a le droit d'exister » (SIII, 184).

Les *Cahiers pour une morale* poursuivent certaines de ces analyses et nous offrent quelques précieux éclaircissements. Sartre s'y interroge en particulier sur la naturalité de la mauvaise foi. Autrement dit, pourquoi l'homme choisit-il « presque toujours l'enfer, l'inauthenticité » (CPM, 577)? Est-ce à dire que la mauvaise foi constituerait le fond de la nature humaine ? De manière quelque peu déroutante, notamment pour le lecteur de *L'existentialisme est un humanisme*, Sartre répond : « je ne nie pas qu'il y ait une nature, c'est-à-dire qu'on commence par la fuite et l'inauthentique ». Toutefois, la nature en question résulte de la néantisation du pour-soi. Cet événement est la source de son désir d'être, c'est-à-dire de son désir d'échapper à son propre mode d'être afin de lui substituer l'impossible synthèse ontologique de l'en-soi-pour-soi. L'inauthenticité est, pourrions-nous dire, la *tentation* originaire d'un être dont le surgissement est synonyme de « chute », et dont la liberté se réalise tout d'abord sur un plan irréfléchi ou pré-réflexif, originairement hanté par l'être. Ce n'est donc que dans l'après-coup de la réflexion purifiante que le sujet peut se convertir à une existence authentique et renoncer à identifier le Bien à l'en-soi-pour-soi.

En outre, les *Cahiers* poursuivent les réflexions de la dernière partie de *L'Être et le néant* sur le désir de faire et le désir d'avoir en tant que variantes du désir d'être. Ainsi Sartre dénonce d'emblée la confusion de l'authenticité et de la recherche de l'authenticité pour l'authenticité, c'est-à-dire de la recherche de l'authenticité pour *être* authentique. Plus généralement, Sartre dénonce toute subordination du faire à l'être qu'il s'agisse de donner à boire pour être bon, d'agir courageusement pour être courageux ou encore, comme Jean Genêt, de faire « le mal pour être méchant » (SG, 88). De ce point de vue, le seul projet conforme à l'exigence d'authenticité est non pas d'être mais de faire et de faire sans chercher à être. En outre, précisent les *Cahiers pour une morale*, ce projet de faire ne doit pas viser un universel comme le bien ou la justice sous peine de tomber dans l'abstraction. Il en résulte que le seul projet authentique « est celui d'agir sur une situation concrète et de la modifier dans un certain sens ». Il est possible qu'une telle action demande à un moment donné que je fasse preuve de courage. « Mais si le but poursuivi est d'être courageux, la fin apparente et concrète devient un prétexte à mystification » (CPM, 491).

Enfin, alors que *L'Être et le néant* analysait les relations concrètes avec autrui uniquement dans le prolongement de l'aspiration du sujet à l'impossible synthèse de l'en-soi et du pour-soi, les *Cahiers pour une morale* esquissent de quelle manière le choix de l'authenticité rend possibles de nouvelles relations intersubjectives. Pour expliciter concrètement ce point – qui prête souvent à confusion dans la mesure où on s'en tient à la formule de *Huis clos* : « L'enfer, c'est les autres », de laquelle on conclut que la relation à autrui est selon Sartre nécessairement pourrie –, nous pouvons reprendre brièvement la description sartrienne de l'amour authentique. Cette relation suppose en effet que le sujet renonce à son projet de récupération de soi, qui est au fond une des modalités du narcissisme et qui est aussi bien au principe de la réflexion impure que des relations inauthentiques à autrui. Dès lors l'amour ne se confond plus avec ce que Sartre dénomme l'être-sentiment, c'est-à-dire le sentiment en tant qu'objet psychique et propriété d'un *ego*, constitué par le sujet de la réflexion à partir de ses vécus. Par suite, le sujet se détourne de son Moi en tant qu'horizon ultime de toutes ses actions inauthentiques. Comme l'écrit Sartre, « le projet cesse d'être rapporté à autre chose [le Moi] qu'à son but » (CPM, 497). On le voit, pour Sartre comme pour Pascal, le moi est haïssable (SII, 42). Et ce, non pas parce que le moi, c'est-à-dire le sujet qui ne pense qu'à soi, ne recherche que son intérêt (égoïsme) mais parce qu'il poursuit en vain la satisfaction de son désir d'être et y assujettit autrui.

L'amour authentique n'est donc plus cette force psychique mais bien plutôt une décision, un serment, mieux : une tension. En effet, l'amour authentique est essentiellement problématique, et loin de se ramener à un fait, objet d'un jugement assertorique, il est toujours en question puisqu'il dépend dans son être même de la décision d'aimer. Aussi est-il habité par un néant constitutif de son être qui coïncide avec la libre possibilité d'aimer, d'aimer encore ou de ne plus aimer. De ce point de vue, Sartre peut écrire : « dans l'amour même, en son cœur, il y aura, s'il est authentique, cet être ou ne pas être et aussi une angoisse originelle qu'il ne soit pas » (CPM, 493). Cette angoisse, comme celle qu'éprouve le sujet lorsqu'il prend conscience que *rien* ne l'empêche de se jeter dans le vide, accompagne la découverte par le sujet qu'il peut à tout moment décider de ne plus aimer.

Et cependant, l'amour authentique n'est pas une simple affaire de volonté : on ne décide pas d'aimer ou de haïr. En effet, aimer signifie non pas vouloir aimer mais *et* aimer *et* vouloir aimer. En d'autres termes, il nous faut comprendre que « aimer et vouloir aimer ne sont qu'un » (CPM, 493). Il faut donc tenir ensemble le vécu amoureux et la décision d'aimer, le senti et le voulu : « si vouloir aimer était tout du sentiment, il s'agirait d'une pure décision abstraite, et si aimer était tout, ce serait la pure passivité innommée du vécu ». Sans la volonté d'aimer, l'amour n'est rien ; ce n'est qu'un vécu qui, à lui seul, n'est qu'une abstraction. Mais sans ce vécu, la décision d'aimer n'est qu'une comédie et l'amour une gesticulation. Toutefois ces deux composantes de l'amour n'ont pas aux yeux de Sartre la même importance, et ce qui définit l'amour d'une personne pour une autre ce n'est pas ce qu'elle pense ou ce qu'elle sent mais les sacrifices concrets qu'elle est en mesure d'accomplir. L'amour authentique, loin d'être un simple vécu est aussi un faire fondé sur l'assomption par le sujet de son mode d'être comme de celui d'autrui.

Reste toutefois une question essentielle : si, d'une manière générale, l'authenticité implique que le sujet abandonne le projet d'être en-soi-pour-soi, quel autre projet peut-il désormais poursuivre ? S'esquisse à ce propos un nouvel aspect de l'ontologie sartrienne qui, à notre connaissance, ne sera ni repris ni approfondi, et qui concerne la relation du pour-soi à l'être que le pour-soi a désormais « mission » de dévoiler. En effet, dans les *Cahiers pour une morale*, le pour-soi authentique ne renonce pas complètement à son désir d'être, sauf que le projet d'être en-soi-pour-soi, comme le projet d'appro-priation ou d'identification, se convertit en un projet de dévoilement et de création. Si le pour-soi accepte de se perdre, au sens où il ne tente pas de se récupérer sous la forme du moi-chose, lui revient alors la tâche de sauver l'être de son néant en le manifestant. De ce point de vue, le simple fait d'ouvrir les yeux revient déjà à tirer l'être de son indistinction primitive. Mais cela ne signifie pas que le dévoilement est le privilège de la contemplation passive. C'est au contraire par l'action et ses multiples facettes que le Pour-soi délivre l'être de son indifférenciation absolue dont la nuit est le symbole. Par exemple, l'action de piloter un avion – Sartre pense alors à Saint-Exupéry – dévoile un aspect de l'être.

Mais ce qui est le plus remarquable, comme si Sartre se souvenait ici de l'analyse heideggérienne de la conscience (*Gewissen*) dans *Être et temps*, c'est que le projet de dévoilement de l'Être par le Pour-soi, loin d'être arbitraire, ne fait que répondre à l'appel de l'Être. « L'Être est appel » écrit Sartre et, en des termes qui rappellent *Sein und Zeit*, il ajoute : « le pour-soi est pure clarté de l'être » (CPM, 500). On peut être tenté de comprendre cet appel dans une perspective théologique. Cependant, Sartre prévient immédiatement un tel contresens en précisant que « c'est le pour-soi qui se constitue pour lui-même en appel d'être ». En d'autres termes, c'est par le pour-soi que l'Être se fait appel et le pour-soi est appel d'être, c'est-à-dire désir de dévoiler de plus en plus d'Être. Ainsi le choix de l'authenticité répond – mais il faudrait approfondir ce point – à un appel de l'être que le pour-soi dévoile et dont l'apparition est source de joie (CPM, 507).

Sartre a laissé inachevé ses *Cahiers pour une morale* qui, manifestement, le laissent insatisfait. Du reste, on peut considérer que Sartre tourne définitivement le dos à ces considérations morales lorsque, en 1952, il écrit : « toute morale qui ne se donne pas explicitement comme *impossible aujourd'hui* contribue à la mystification et à l'aliénation de l'homme » (SG, 211, note 1). Car désormais, contrairement à Camus qui croit pouvoir se tenir à l'écart, il s'agit d'affronter l'Histoire avec sa boue et son sang. Si Sartre ne renonce pas pour autant à poursuivre son interrogation, comme en témoigne « morale et histoire » rédigé en 1965, celle-ci est marquée d'un certain pessimisme qu'inspire « le paradoxe éthique » dont les impératifs sont à la fois inconditionnés et conditionnés pas les faits (MH, 401-2). On retrouve alors l'idée, déjà envisagée dans la *Critique de la raison dialectique* à propos de la notion de valeur, que la morale aliène plus qu'elle ne libère et que l'impératif éthique est une exigence constitutive du pratico-inerte (CRDI, 355, note 1). Par exemple, l'interdiction de voler, que le père transmet à son fils comme exigence inconditionnelle et transhistorique, est en vérité une exigence institutionnelle de « la propriété telle qu'elle se définit à partir d'un mode de production ». Ainsi l'obéissance à la prescription morale est le triomphe non de l'autonomie (Kant) mais de l'hétéronomie. Cependant il est difficile de tenir cette conception de l'obligation pour le dernier mot de Sartre, comme le montrent ses entretiens avec B. Lévy (EM, 38-40).

LES ŒUVRES PRINCIPALES

L'IMAGINAIRE

En 1927, Sartre consacre son Diplôme d'Études Supérieures (D.E.S.) à l'image et rédige, sous la direction d'Henri Delacroix, un mémoire intitulé : « L'image dans la vie psychologique : rôle et nature ». À cette époque, Sartre ignore tout de la phénoménologie, qu'il découvre six ans plus tard, lors de son séjour à Berlin. En 1936, Sartre publie chez Alcan *L'Imagination* qui reprend le mémoire de 1927 et prépare la publication en 1940 de *L'Imaginaire* qui a pour sous-titre : *Psychologie phénoménologique de l'imagination*. Ce dernier ouvrage de plus de 370 pages entend décrire d'un point de vue phénoménologique « la grande fonction irréalisante de la conscience » que constitue ce qu'on appelle tradition-nellement l'imagination (Iaire, 13). En d'autres termes, il s'agit pour Sartre de dévoiler la structure de la conscience en tant qu'elle se rapporte non pas au réel, comme dans la perception ou le souvenir, mais à l'irréel, c'est-à-dire à des objets qui sont imaginés et qui, posés comme en marge du monde réel, possèdent une spatialité et une temporalité imaginaires qui leur sont propres : par exemple, il n'y a pas de relations spatio-temporelles concevables entre Dark Wador, Ulysse et les époux Verdurin.

Qu'est-ce qu'une conscience imageante?

Tout en s'appuyant sur les très nombreux travaux de la psychologie de son temps, Sartre place ses recherches dans le prolongement de la conception husserlienne de l'intentionnalité selon laquelle toute conscience est conscience de quelque chose. Ainsi, qu'elle perçoive ou imagine, la conscience perçoit ou imagine nécessairement quelque chose qui, dans le cas de l'imagination, est relativement pauvre et indéterminé alors que l'objet perçu se présente avec une richesse inépuisable. Cette conception de la structure intentionnelle de l'image permet à Sartre de rompre avec l'idée que l'image est comme une chose, une sorte de petit tableau qui se tiendrait dans la conscience. Il s'agit d'une illusion dite illusion d'immanence. La conscience, en effet, n'a rien à voir avec une boîte, elle n'a ni dedans ni dehors, et la chaise que j'imagine n'est pas plus *dans* ma conscience que la chaise que je perçois. C'est pourquoi il convient d'envisager l'image non comme une chose mais comme un rapport, mieux : comme une manière spécifique pour la conscience de viser un objet transcendant qu'elle pose comme irréel. Sartre aboutit alors à cette définition : la conscience qui imagine « vise dans sa corporéité un objet absent ou inexistant, à travers un contenu physique ou psychique qui ne se donne pas en propre mais à titre de représentant analogique de l'objet visé » (Iaire, 46).

Essayons d'expliciter cette définition. 1. Contrairement à la conscience de signe, la conscience imageante se donne son objet : bien qu'il soit absent, j'imagine Pierre habillé avec tel vêtement de telle couleur, les cheveux en bataille, etc. 2. Cela est possible pour la conscience imageante car elle s'appuie toujours sur une matière ou *hylé* à partir de laquelle elle vise son objet. 3. Cependant, l'objet imaginé est plus ou moins analogue à la matière à partir de laquelle la conscience imageante le vise. Ce dernier point est à vrai dire décisif et Sartre lui consacre la deuxième partie de son ouvrage en distinguant le cas de l'image dite mentale de celui de l'image dite matérielle. Dans ce dernier cas, la conscience imagine à partir par exemple d'une gravure, d'une photo ou d'un quelconque objet transcendant. Dans le cas de l'image dite mentale, la conscience s'appuie sur une matière psychique qui peut être constituée, par exemple, par l'affectivité ou par des impressions kinesthésiques. Il s'ensuit que l'imaginaire sartrien rassemble dans une même famille, d'une part, toutes les images, y compris les images pathologiques, que la conscience se donne à l'aide d'une matière psychique ; et, d'autre part, toutes les images que la conscience forme à partir d'un objet tel qu'un tableau, une photographie, une sculpture, un décor de théâtre ou encore l'exécution d'une œuvre musicale. On voit ainsi que l'imaginaire enveloppe aussi bien les rêves diurnes ou nocturnes, les hallucinations psychotiques que les œuvres d'art.

La troisième partie de l'ouvrage est consacrée au rôle de l'image dans la vie psychique. Sartre y envisage l'image comme une dégradation de la pensée pure ou conceptuelle et s'interroge sur la finalité de la conscience imageante. La différence entre l'une, la pensée pure, et l'autre, l'image, est essentiellement une différence d'attitude : « Ce qu'on appelle ordinairement pensée est une conscience qui affirme telle ou telle qualité de son objet mais sans les réaliser sur lui. L'image, au contraire, est une conscience qui vise à produire son objet : elle est donc constituée par une certaine façon de juger et de sentir » (Iaire, 188). Par exemple, si nous pensons sur le mode imageant à un escalier dans une maison, alors

« quelques marches m'apparaissent dans un brouillard ».
S'il me vient à l'esprit que cet escalier est recouvert d'un
tapis, je recouvre alors d'un tapis imaginaire l'escalier
visé. Cependant, ce sont bien les objets eux-mêmes
qui apparaîtront à notre conscience tout en se donnant
comme n'étant pas là en personne, sinon il ne s'agirait
plus d'image mais de perception. De ce point de vue, la
fonction de l'image, quels que soient les différents types
d'image, est essentiellement symbolique (Iaire, 159).
Reste à saisir la raison de cette dégradation de la pensée
pure sous la forme d'une conscience imageante dont le
mode de pensée est donc symbolique. Pour Sartre, la
conscience imageante est une conscience magique dont
les actes sont comme une « incantation destinée à faire
apparaître l'objet auquel on pense, la chose que l'on
désire, de façon qu'on puisse en prendre possession ».
En d'autres termes, la conscience imageante est une
conscience qui veut avant tout « voir » son objet afin de
le posséder.

Vivre dans l'imaginaire

La quatrième partie de l'ouvrage est consacrée à la
vie dans l'imaginaire et, en particulier, au rêve comme
à ces formes pathologiques de la conscience imageante
que sont l'hallucination et la psychose hallucinatoire.
De fait, nous avons le choix, et certains préfèrent vivre
dans l'imaginaire plutôt que dans le monde réel et, par
exemple, éprouver des sentiments imaginaires pour des
objets irréels, comme c'est le cas lorsqu'on lit un roman,
plutôt que des sentiments réels pour des êtres réels.
Quant à l'hallucination, loin d'être une perception sans
objet, comme on le dit habituellement en psychiatrie, elle
relève incontestablement de la conscience imageante.

De ce point de vue, le malade n'entend pas des voix derrière son dos mais les imagine. Toutefois, cette redéfinition de l'hallucination ne va pas sans difficultés. Car comment expliquer que le malade puisse se tromper sur ses hallucinations et n'ait pas conscience de sa propre spontanéité imageante au point de prendre ses hallucinations pour des perceptions ? En outre, comment rendre compte de cette sorte de captivité de la conscience qui, dans la psychose hallucinatoire, paraît ne pas pouvoir échapper aux hallucinations qu'elle forme elle-même ? Nous retrouvons ces mêmes questions à propos du rêve et de la conscience onirique dont Sartre nous offre une description minutieuse d'une bonne trentaine de pages. D'une manière générale, rêver revient à se raconter une histoire mais sur un mode symbolique (Iaire, 338). Le rêve est à son tour l'œuvre d'une conscience imageante qui, néanmoins, est à la fois captive, au sens où elle ne peut à volonté interrompre son rêve, et ignorante de sa propre spontanéité imageante : aussi longtemps que l'on dort, on prend ses rêves pour la réalité.

S'interrogeant sur le caractère contingent ou non de l'imagination, Sartre établit en conclusion qu'une conscience doit nécessairement être capable d'imaginer dans la mesure où les conditions de la conscience imageante sont identiques à celles de la conscience et de la liberté : « Pour qu'une conscience puisse imaginer, il faut qu'elle échappe au monde par sa nature même, il faut qu'elle puisse tirer d'elle-même une position de recul par rapport au monde. En un mot, il faut qu'elle soit libre » (Iaire, 353). En d'autres termes, si la conscience était une chose au milieu du monde, si elle n'était pas ce libre mouvement – qui échappe à toute forme de déterminisme – de dépassement de ce qui est vers ce qui n'est pas, elle ne serait pas en mesure d'imaginer. D'autre part, Sartre esquisse dans la deuxième partie de sa conclusion les éléments d'une esthétique phénoménologique que l'on retrouve dans son œuvre ultérieure. Il soutient ainsi que « l'œuvre d'art est un irréel » (Iaire, 362), autrement dit, que l'œuvre d'art existe aussi peu que ce que nous imaginons ou rêvons, qui relèvent de l'imaginaire. Sans doute la toile, les couleurs dispersées sur la toile, le cadre et le mur auquel le tableau est accroché sont-ils réels. Mais il ne s'agit là que des éléments matériels à partir desquels est visé un objet irréel tel que la naissance de Vénus (Botticelli) ou les Glaneuses (Millet). Il en va de même au théâtre où les paroles, les gestes, le costume de l'acteur ainsi que le décor servent de matière, mieux : d'*analogon* qui permet au spectateur d'imaginer Hamlet dans le château d'Elseneur.

Aux yeux de bien des phénoménologues, *L'imaginaire* passe pour l'un des meilleurs ouvrages de Sartre tant en raison de la rigueur et de la qualité de ses descriptions phénoménologiques que de ses multiples prolongements, notamment dans ses essais de psychanalyse existentielle, consacrés à des êtres qui, à l'instar de Flaubert, ont choisi l'imaginaire contre le réel.

L'ÊTRE ET LE NÉANT

Avec la publication de *L'Être et le néant*, Sartre s'impose comme l'une des grandes figures de la philosophie française du XXᵉ siècle. Dans *Le Vent paraclet*, Michel Tournier écrit : « Un jour de l'automne 1943, un livre tomba sur nos tables, tel un météore : *L'Être et le néant* de Jean-Paul Sartre. Il y eut un moment de stupeur, puis une longue rumination. L'œuvre était

massive, hirsute, débordante d'une force irrésistible
[…], traversée de bout en bout par une intuition d'une
simplicité diamantine ». L'intuition diamantine en
question est naturellement la liberté. Mais la liberté d'un
sujet pour lequel l'existence et la liberté sont une seule
et même chose et qui ne peut donc exister sans être libre.
Cependant, lire *L'Être et le néant* s'avère rapidement
une tâche difficile et, à l'époque de Tournier, bien peu
parvinrent au bout des 680 pages. Il s'agit pourtant de
« l'œuvre philosophique majeure de Sartre » à laquelle
aboutissent tous ses travaux antérieurs et qui constitue
le point de départ de ses œuvres ultérieures (DS, 168).
Nous allons ici reprendre chacune des quatre parties qui
composent l'ouvrage en accordant néanmoins une place
privilégiée à l'introduction d'une vingtaine de pages, qui
est particulièrement difficile à lire tant elle est allusive et
synthétique. Sartre, à cette occasion, y fait preuve d'une
virtuosité conceptuelle qui en a ébloui plus d'un.

Un essai d'ontologie phénoménologique

Par son titre et son sous-titre : « essai d'ontologie
phénoménologique », *L'Être et le néant* renvoie à
Husserl, le fondateur de la phénoménologie, mais
aussi et surtout à Heidegger, à son ouvrage de 1927,
Être et temps (*Sein und Zeit*), et à l'idée, extraite par
Heidegger de la sixième des *Recherches logiques* de
Husserl, selon laquelle « l'ontologie n'est possible que
comme phénoménologie » (SZ, § 7). Autrement dit,
non seulement une science de l'être en tant qu'être est
possible mais, comme nous allons le voir, elle n'est
possible que grâce à la phénoménologie en tant que
description de l'être du phénomène. La phénoménologie

heideggérienne surmonte ainsi le dualisme kantien de l'être et de l'apparaître, de la chose en soi inconnaissable et du phénomène, qui conduit Kant, dans la *Critique de la raison pure*, à préférer au titre pompeux d'ontologie celui plus modeste d'une simple analytique de l'entendement pur. Pour Sartre, comme il l'écrit en introduction, « le phénomène est ce qui se manifeste et l'être se manifeste à tous en quelque façon, puisque nous pouvons en parler et que nous en avons une certaine compréhension. Ainsi il doit y avoir un phénomène d'être, descriptible comme tel ». En effet, étymologiquement, le phénomène désigne ce qui se manifeste. Mais, ce qui importe ici, du point de vue d'une ontophénoménologie, c'est que l'être lui-même ne soit rien d'irrémédiablement caché derrière le phénomène. Au contraire, l'être se dévoile, sinon totalement du moins pour une part, à travers des phénomènes aussi banals et communs que l'ennui, la nausée ou encore l'angoisse.

L'introduction permet également à Sartre d'élaborer une opposition qui domine son ouvrage et qui est celle, selon une terminologie empruntée à Hegel, du pour-soi et de l'en-soi, de la conscience et de la chose. Son point de départ, contrairement à Heidegger, est le *cogito* que Sartre tient, à l'instar de Husserl et de Descartes, pour la source de toute évidence. Il s'agit toutefois d'un *cogito* préréflexif au sens où la conscience est en l'occurrence dirigée non sur elle-même mais sur un objet du monde – comme c'est le cas lorsque je suis happé par l'exécution d'une tâche manuelle ou plongé dans la lecture d'un livre. L'analyse du *cogito* préréflexif dévoile que « toute conscience positionnelle d'objet est en même temps conscience non positionnelle d'elle-même » (EN, 19). Autrement dit, percevoir quelque chose, c'est nécessairement avoir conscience de percevoir tout en percevant quelque chose. Il apparaît alors que la conscience est, dans son être, toujours en rapport avec un objet transcendant, et se posent alors la question de l'être de cet objet transcendant (l'être du phénomène) comme celle de l'être de la conscience qui le vise (l'être du *cogito* préréflexif). Il est possible de fixer d'emblée certaines déterminations de l'être du phénomène : l'être de cet arbre est ; il est en soi ; et, conformément au principe d'identité, il est ce qu'il est. En revanche, l'être de la conscience ou pour-soi ainsi que sa relation à l'en-soi apparaissent beaucoup plus problématiques, et l'ambition de l'ouvrage est dès lors d'élucider la relation du pour-soi à l'en-soi ainsi que le « sens de l'être en tant qu'il comprend en lui ces deux régions d'être radicalement tranchées » (EN, 33).

De l'origine du néant dans l'être

La première partie est plus courte que les trois autres (EN, 37-106). Elle consiste essentiellement en une démarche régressive qui remonte de l'interrogation et de la négation en tant que conduites à leurs conditions de possibilité ontologique : « J'ai rendez-vous avec Pierre à quatre heures. J'arrive en retard d'un quart d'heure : Pierre est toujours exact ; m'aura-t-il attendu ? Je regarde la salle, les consommateurs et je dis : "il n'est pas là" » (EN, 43). Or il est manifeste que le café en lui-même avec ses consommateurs, ses tables et ses banquettes de moleskine est un plein d'être, et que c'est pour moi qui cherche Pierre que Pierre n'est pas là. Mais, comme le montre Sartre contre Bergson (EN, 46), la condition ontologique de ce jugement négatif est le dévoilement d'un néant dans l'être, que désigne le concept sartrien de néantisation. Ainsi, l'homme se distingue par son pouvoir de néantisation – acte qu'on ne confondra pas avec celui, réservé à Dieu, d'anéantissement, qui implique une destruction ontologique et qui est le contraire de la création. En effet, par ses attentes mais aussi par ses désirs, ses interrogations ou ses rêves, l'homme ne cesse de dépasser ce qui est, selon un mouvement que Sartre nomme transcendance, et de dévoiler au sein de l'être ce qui n'est pas. « L'homme est l'être par qui le néant vient au monde » (EN, 59). Cette première découverte conduit alors Sartre à se demander ce que doit être l'homme en son être pour que par lui le néant vienne à l'être. En d'autres termes, que doit être l'homme pour réaliser ce mouvement perpétuel de dépassement et en même temps de néantisation de ce qui est ? Cette question ne fait naturellement qu'un avec celle de l'origine du néant.

La réponse à cette question se trouve, selon Sartre, dans la liberté, qui est ici introduite pour la première fois et qu'on retrouvera en lisant la quatrième partie de *L'Être et le néant*. Parce que l'être n'engendre que l'être, il va de soi que l'origine du néant dans l'être ne peut être l'en-soi qui est ce qu'il est et ne saurait être autre que ce qu'il est. L'origine du néant réside donc dans un être, la réalité-humaine, qui dans son être n'est pas ce qu'il est et qui, en tant que tel, est libre. En effet, qu'est-ce que la liberté sinon cette possibilité permanente pour le sujet de ne pas être ce qu'il est ou encore d'être autre que ce qu'il est ? On voit ici que la liberté pour Sartre est non pas une simple propriété de la volonté d'un sujet qui subsiste par ailleurs, à la manière du sujet substantiel cartésien, mais constitue bien l'être de la réalité-humaine au sens où être, exister, pour la réalité-humaine, c'est nécessairement échapper à l'être, être libre. Toutefois rien n'atteste jusqu'ici que la réalité-humaine soit libre. C'est la raison pour laquelle Sartre, à ce stade de sa réflexion, reprend l'analyse du concept d'angoisse. Car avec l'angoisse, nous disposons d'une attestation irrécusable de notre propre liberté, comme le montre Sartre en conjuguant les analyses de Heidegger dans *Être et temps* et de Kierkegaard, auteur du *Concept d'angoisse*. Si nous distinguons alors soigneusement la peur de l'angoisse, il apparaît que la peur est toujours peur d'un danger quelconque : peur du précipice, peur d'un animal féroce, etc. alors que l'angoisse n'a pas à proprement parler d'objet. L'angoisse est angoisse devant le non être absolu ou néant qui habite la réalité-humaine et qui est au principe de sa liberté. Découvrant un précipice, je puis avoir peur d'y tomber mais je puis soudain être envahi par l'angoisse en découvrant que rien, absolument rien ne m'empêche de m'y précipiter (EN, 65).

Si l'angoisse peut être définie comme la conscience de la liberté, elle demeure toutefois insuffisante pour préciser plus rigoureusement le mode d'être de cet être par qui le néant arrive à l'être. C'est pourquoi Sartre consacre le deuxième chapitre de cette première partie à un phénomène en apparence purement psychologique mais auquel il découvre une signification proprement ontologique au point de définir ultérieurement *L'Être et le néant* comme « une eidétique de la mauvaise foi » (SIV, 196). Nous avons déjà eu l'occasion d'aborder ce concept (cf. *supra*, A4). On se contentera ici de rappeler que la mauvaise foi est une conduite distincte du mensonge qui, à l'instar de la liberté, trouve sa condition de possibilité dans le non être ou néant qui habite le sujet. « Considérons ce garçon de café. Il a le geste vif et appuyé, un peu trop précis, un peu trop rapide, il vient vers les consommateurs d'un pas un peu trop vif, il s'incline avec un peu trop d'empressement

[…]. Toute sa conduite nous semble un jeu […]. Mais à quoi donc joue-t-il ? Il ne faut pas l'observer longtemps pour s'en rendre compte : il joue *à être* garçon de café » (EN, 94). On le voit, Sartre insiste lui-même sur la portée ontologique de sa description. Car si un être joue à être, c'est précisément parce qu'il est dans son être hanté par le non être. Et cet être, dans la mesure où il se donne l'être de la chose en soi, comme s'il était garçon-de-café-en-soi, est de mauvaise foi : il se ment à lui-même (et aux autres) puisqu'il est dans son être à distance de soi, c'est-à-dire un pour-soi, un être qui ne peut être garçon de café comme une pierre est pierre pour la simple raison qu'il a et qu'il est conscience d'être garçon de café.

Le pour-soi comme manque et désir d'être

La deuxième partie comme les deux autres qui suivent substituent à la démarche régressive et analytique de la première partie une démarche progressive et synthétique. En d'autres termes, parvenue à ce stade de sa régression dans les conditions de possibilité ontologique de la néga-tion, la réflexion va établir, en demeurant dans les limites du *cogito* préréflexif, les structures immédiates du pour-soi (chapitre I) qu'elle va méthodiquement enrichir en prenant en compte la temporalité du pour-soi (chapitre II) et sa transcendance (chapitre III) afin d'établir *in fine* dans toute sa richesse les différents rapports que nouent ces deux régions de l'être que sont le pour-soi et l'en-soi.

La première structure du pour-soi nous est à vrai dire déjà connue. Il s'agit de la présence à soi, c'est-à-dire de ce rapport à soi qui définit le pour-soi en sorte qu'il lui est absolument impossible de croire sans avoir conscience de croire, d'avoir mal sans avoir conscience d'avoir mal ou de percevoir sans avoir conscience de percevoir. Or, ressaisie d'un point de vue ontologique, la présence à soi révèle au sein de la conscience une fissure ontologique, une impossibilité de coïncider avec soi à propos de laquelle Sartre écrit : « L'être de la conscience en tant que conscience, c'est d'exister *à distance de soi* en tant que présence à soi et cette distance nulle que l'être porte dans son être, c'est le Néant » (EN, 114). La deuxième structure immédiate du pour-soi désigne le fait que le pour-soi est en tant qu'il est jeté dans un monde. C'est ce que Sartre dénomme, empruntant le concept à Heidegger, la facticité du pour-soi. Et le pour-soi en découvrant sa propre facticité découvre du même coup la contingence de son être comme de tout ce qui est, c'est-à-dire son absence de raison d'être.

Nous pouvons à partir de là saisir ce qui hante le pour-soi, c'est-à-dire ce qui manque au pour-soi et qu'il recherche inlassablement tout au long de son existence et qui est au principe de sa transcendance. En effet, ce qui manque au pour-soi et qui fait de lui « une passion inutile » (EN, 662), ce n'est naturellement pas un objet dont il pourrait s'emparer d'une manière ou d'une autre. Mais ce qui est ici en question c'est l'impossible, car contradictoire, synthèse de l'en-soi et du pour-soi : découvrant le caractère superflu de son existence, c'est-à-dire la contingence de son être, le pour-soi aspire à lever la contingence de son être. Dans cette perspective, le pour-soi veut être au fondement de son être sous la forme d'un être qui serait conscience de soi en tant qu'être en-soi. Mais un tel être est contradictoire puisqu'il devrait concilier la non identité à soi de la conscience de soi (ou pour-soi) et l'identité à soi de la chose (ou en-soi). C'est ce que Sartre exemplifie à partir, entre autres, de l'homme qui souffre et qui est hanté par une souffrance qui serait à la fois souffrance pour soi, c'est-à-dire consciente d'elle-même, et souffrance en-soi, c'est-à-dire qui serait comme un pur bloc de souffrance ayant l'identité à soi de l'en-soi. On comprend de ce point de vue les gesticulations de la souffrance : « je me tords les bras, je crie » afin de souffrir vraiment, mieux : afin de « sculpter une statue en soi de la souffrance » (EN, 128).

Si le pour-soi est à ce stade manque et désir, sa description demeure encore largement incomplète dans la mesure où n'a pas encore été abordée la dimension temporelle de la conscience qui est étroitement liée à son désir d'être et à sa transcendance. À cet égard, il convient de remarquer tout d'abord que si l'en-soi est manifestement étranger au temps, puisqu'une pierre n'a ni passé ni avenir, le pour-soi est dans son être temporel. Reste alors à décrire rigoureusement la manière dont le pour-soi se temporalise et ce, comme nous allons le voir, en se néantisant. Tournant le dos à une conception qui réduirait le temps à une succession d'instants, Sartre développe, à partir de Husserl et de Heidegger, une conception ek-statique du temps selon laquelle la conscience qui se temporalise ne cesse d'être hors de soi en secrétant si l'on peut dire un néant qui la sépare d'elle-même. En effet, se temporaliser signifie au minimum que je ne suis plus ce que j'étais. Plus exactement, puisque je suis encore ce que j'ai été tout en ne l'étant plus, il faut dire que je ne suis plus ce que j'étais sur le mode de l'être qui n'est pas ce qu'il est tout en étant ce qu'il n'est pas. Au terme de cette première partie, le pour-soi apparaît comme une conscience qui, en tant que présence à soi et manque, se temporalise. Cependant, cette conscience est nécessairement conscience d'un objet transcendant qui appartient à l'être comme totalité, c'est-à-dire au monde. Est-ce à dire que le pour-soi serait seul au monde ?

De l'être pour-autrui du pour-soi

Le *cogito* sartrien se trouve à son tour confronté à l'écueil du solipsisme, c'est-à-dire à la solitude ontologique d'un sujet dont les autres ne seraient au mieux que des représentations de sa conscience. Mais pour Sartre, il n'est pas difficile d'établir avec évidence la réalité de l'existence d'autrui qui ne saurait être réduit à une représentation de ma conscience. Il suffit pour cela d'analyser ce sentiment en apparence banal mais en vérité fondamental qu'est la honte. « Imaginons, écrit Sartre, que j'en sois venu, par jalousie, par intérêt, par vice, à coller mon oreille contre une porte, à regarder par le trou d'une serrure ». Tout entier à mon affaire, je ne me préoccupe que de ce qui se passe derrière la porte. « Or, voici que j'ai entendu des pas dans le corridor : on me regarde » (EN, 298). Soudain, la honte m'envahit. Cette honte est honte devant quelqu'un : j'ai honte de moi tel que j'apparais à autrui. La honte me révèle l'existence d'autrui et ce, de manière irrécusable dans la mesure où je ne puis avoir honte de moi *que* devant autrui en tant que sujet libre et conscient (le passage d'un chien ou d'une souris me laisse indifférent). S'il est toujours possible de se demander d'un point de vue métaphysique pourquoi il y a des autres (EN, 336), l'existence d'autrui comme la mienne sont des faits. Autrui se rencontre. Et cette rencontre, à vrai dire, n'a rien d'un heureux événement. Quoi que je fasse : le bien ou le mal, quelle que soit la situation dans laquelle je me trouve, le regard d'autrui entraîne une irrémédiable dégradation de mon être dans la mesure où sous son regard je suis ce que je suis, j'acquiers le mode d'être de la chose en soi et je deviens chose au milieu du monde : j'ai honte. En ce sens, comme l'écrit Sartre, « ma chute originelle c'est l'existence de l'autre » (EN, 301).

Ainsi, avec autrui, surgit une nouvelle dimension de mon être. Il y a, d'une part, ce que je suis pour moi, tel que je m'apparais, soit une libre transcendance et, d'autre part, ce que je suis pour autrui, ce que Sartre appelle mon être-pour-autrui, une transcendance transcendée par la liberté d'autrui (EN, 321). Notons que cet être, je le suis mais il m'échappe. En d'autres termes, si je suis pour autrui un être méchant, courageux, ou lâche, je n'ai et ne puis avoir l'intuition de cet être qui est pourtant mon être mais qui est mon être-pour-autrui. En ce sens, Sartre peut écrire : « autrui est le médiateur indispensable entre moi et moi-même » (EN, 260). Mais il faut bien comprendre que « moi » et « moi-même » sont en l'occurrence deux dimensions différentes de mon être. La première correspond à mon être-pour-soi, la seconde à mon être-pour-autrui. Nous retrouvons cette même distinction fondamentale à propos de mon corps dans le chapitre II de cette même troisième partie. Sartre oppose en effet, d'une part, le corps qui est mon corps pour moi et qui relève de mon être-pour-soi et, d'autre part, mon corps pour autrui tel qu'il apparaît à autrui. Si j'ai bien un cerveau, des glandes, des organes digestifs, respiratoires et circulatoires, tout cela relève de mon corps tel qu'il est pour autrui. Ainsi l'anatomie comme la physiologie étudie mon corps tel qu'il apparaît à autrui ou, ce qui revient au même, le corps d'autrui tel qu'il m'apparaît. En revanche mon corps pour moi est avant tout le corps que je souffre, mon corps tel que je le vis, qui est mon point de vue sur l'univers inhérent à ma conscience ainsi que mon point de départ en tant que centre d'actions.

Cette deuxième partie s'achève sur la description des relations concrètes avec autrui. D'une manière générale, cette description est placée sous le signe du conflit : « le conflit est le sens originel de l'être-pour-autrui » (EN, 404), thèse que l'on retrouvera dans *Huis clos* sous la forme bien connue : « L'enfer c'est les autres ». Mais il faut souligner que l'enfer naît de ce que le sujet demande à autrui l'impossible, à savoir de lever la contingence de son être. Il y a sans doute d'autres relations possibles à autrui. Simplement *L'Être et le néant* se limite à la description de ces relations en tant qu'elles sont assujetties à la recherche par le sujet de l'en-soi-pour-soi. De ce point de vue, mes relations concrètes avec autrui s'organisent en fonction de mon être objet pour autrui, et deux types d'attitudes me sont alors possibles. Soit autrui me regarde. Je puis alors tenter de nier cet être objet qui m'est conféré du dehors et me retourner sur autrui pour lui conférer à mon tour cet être objet que je refuse pour moi. Soit, j'accepte d'être objet sous le regard d'autrui mais je cherche à récupérer sa liberté et à m'en emparer. Tel est l'idéal de l'amour : l'amant veut captiver la conscience de l'aimé, exige d'être aimé plus que tout au monde et espère par ce truchement effacer la contingence de son existence. Cependant, tout comme le désir charnel, le masochisme ou le sadisme, un tel projet est voué à l'échec.

De l'être pour-soi comme projet et liberté

Dans la quatrième partie, Sartre envisage la liberté de l'homme en tant que fardeau au sens où, libre, l'homme est responsable aussi bien de ses choix que de ce qu'il est en tant que ce qu'il est résulte de ses choix. C'est en ce sens qu'il écrit : « je suis condamné à être libre » (EN, 484). Afin d'établir cette liberté, Sartre s'attache à montrer qu'elle est la condition première de toute action et qu'aucun état de fait, aucune situation quelle qu'elle soit, n'est susceptible de motiver par elle-même la moindre action. Car une action présuppose la possibilité pour la conscience de se projeter vers ce qui n'est pas, c'est-à-dire de se soustraire à l'enchaînement des causes et des effets, d'échapper à son propre passé comme au monde, bref la liberté.

Par exemple, quand bien même la situation en 1830 de l'ouvrier de la Croix-Rousse serait misérable, sa souffrance lui semble naturelle, et il s'en accommode. Pour que cet ouvrier se révolte, il faut qu'il forme le *projet* de changer sa situation et ce n'est qu'à la lumière de ce projet vers ce qui n'est pas encore, comme un salaire supérieur ou de meilleures conditions de travail, qu'il appréhende sa situation comme intolérable. C'est alors seulement que sa situation devient un motif de révolte, qui n'a donc rien à voir avec un phénomène naturel qui est l'effet d'une ou plusieurs causes. Comme l'écrit Sartre, « c'est par pur arrachement à soi-même et au monde, que l'ouvrier peut poser sa souffrance comme souffrance insupportable et, par conséquent, *en faire le mobile* de son action révolutionnaire. Cela implique donc pour la conscience la possibilité permanente de faire une rupture avec son propre passé, de s'en arracher pour pouvoir le considérer à la lumière d'un non-être et pour pouvoir lui conférer la signification qu'*il a* à partir du projet d'un sens qu'*il n'a pas* » (EN, 480). Il s'ensuit pour Sartre que « la liberté est l'étoffe de mon être » (EN, 483) et que toutes mes actions, en tant qu'elles répondent nécessairement à un projet, sont des manifestations de ma liberté. Mais il convient de bien comprendre ce que Sartre nomme projet. En effet, les innombrables projets d'un sujet : acheter du pain, avoir un enfant, nettoyer la voiture, etc., renvoient à un projet fondamental qui concerne non pas ses rapports avec tel ou tel objet particulier mais son être-dans-le-monde en totalité, et qui manifeste sa singularité en tant que telle. Ce projet fondamental est rigoureusement libre au sens où rien ne peut l'expliquer et où il est toujours susceptible de se modifier. Qu'on se rappelle l'*instant* où Raskolnikov, le héros de *Crime et châtiment*, choisit en toute liberté de se dénoncer et se rend auprès de la police (EN, 521). Ce que Dostoïevski décrit n'est rien de moins que le moment d'une conversion, d'un changement fondamental à la suite duquel Raskolnikov entame une nouvelle vie que règle un nouveau projet fondamental.

C'est ce libre projet fondamental qui est au cœur de la psychanalyse existentielle, du moins telle que Sartre la comprend à l'époque de *L'Être et le néant*. Son ambition est de dégager le projet originel du sujet par rapport auquel ses autres projets sont secondaires et dérivés. Ainsi, le goût de Pierre pour le canotage n'est pas un goût qui s'ajoute à son inclination pour la cuisine et à sa tendance à fuir ses semblables (EN, 607). En effet, pour Sartre, le sujet est une totalité synthétique, et non pas une juxtaposition de traits de caractère, et le goût de Pierre pour le canotage renvoie à son projet à la fois singulier et total par rapport à l'être, qui constitue « le secret individuel de son être-dans-le-monde » (EN, 609). Ainsi, la psychanalyse existentielle repose sur le principe que « l'homme est une totalité et non une collection ; qu'en conséquence, il s'exprime tout entier dans la plus insignifiante et la plus superficielle de ses conduites » ; son but est « de déchiffrer les comportements empiriques de l'homme » ; son point de départ est l'expérience ; et elle peut s'appuyer sur ce que Sartre appelle, dans le dernier chapitre de cette quatrième partie, la psychanalyse matérielle. À la différence de la psychanalyse existentielle, elle est une psychanalyse des choses qui a pour tâche d'en établir la signification objective. Par exemple, le dégoût suscité par un objet visqueux n'est pas purement subjectif (EN, 650). Mais il constitue une réaction fondée sur la signification objective du visqueux en tant que cette qualité présente une signification ontologique – en l'occurrence : la revanche de l'en-soi sur le pour-soi – que le sujet saisit obscurément lorsqu'il entre en contact avec un tel objet.

En conclusion, Sartre s'interroge d'un point de vue métaphysique, qui ne relève donc plus de la description phénoménologique, sur les relations du pour-soi et de l'en-soi et sur le type de totalité qu'ils constituent. Cette totalité se révèle un échec au sens où elle ne parviendrait pas à réaliser l'*ens causa sui*, c'est-à-dire l'impossible synthèse de l'en-soi-pour-soi. « Tout se passe comme si le monde, l'homme et l'homme-dans-le-monde n'arrivaient à réaliser qu'un Dieu manqué » (EN, 671). Dans un deuxième temps, adoptant une perspective morale, Sartre envisage la possibilité d'une liberté authentique qui se voudrait liberté et renoncerait à son désir d'être.

RÉFLEXIONS SUR LA QUESTION JUIVE

La haine du Juif

« Va-t-on parler des Juifs ? Va-t-on saluer le retour parmi nous des rescapés, va-t-on donner une pensée à ceux qui sont morts dans les chambres à gaz de Lublin ? Pas un mot » (RQJ, 86). Publiées au lendemain de la seconde guerre mondiale, les *Réflexions sur la question juive* visent avant tout à dénoncer et combattre l'antisémitisme.

Mais c'est aussi l'occasion pour Sartre de réfléchir sur un phénomène social dans une perspective existentialiste à l'aide des thèses élaborées dans *L'Être et le néant*. On ne s'étonnera donc pas de retrouver, sous une forme plus littéraire que philosophique, des concepts tels que ceux d'authenticité et d'inauthenticité, de liberté et de situation, d'en-soi, de pour-soi et d'en-soi-pour-soi, etc. Le livre se décompose en quatre chapitres non titrés et de longueur très inégale.

Si l'antisémitisme se donne parfois pour une simple opinion que protège le droit de libre opinion, la haine des Juifs est pour Sartre une véritable *passion* (RQJ, 10). L'antisémitisme, en effet, est fondamentalement la manifestation d'une peur devant la condition humaine et, comme il l'écrit en conclusion du premier chapitre, « [l]'antisémite est l'homme qui veut être roc impitoyable, torrent furieux, foudre dévastatrice : tout sauf un homme » (RQJ, 64). Comprenons : l'antisémitisme est l'une des modalités possibles parmi tant d'autres de l'impossible parce que contradictoire quête de l'en-soi-pour-soi. En tant qu'il est, d'une part, conscience d'être un roc, c'est-à-dire roc pour-soi et, d'autre part, qu'il veut être un roc impitoyable, c'est-à-dire roc-en-soi, l'antisémite s'efforce de réaliser à travers sa haine du Juif l'impossible synthèse de la chose en-soi et de la conscience ou pour-soi. Et en tant que « torrent furieux et foudre dévastatrice », l'antisémite rêve d'une violence aveugle et illimitée qui détruirait magiquement ce Juif qu'il tient pour son ennemi. Mais il ne doit pas y avoir de malentendu : dire de l'antisémitisme que c'est une passion aveugle n'excuse en rien l'antisémite qui a, selon Sartre, librement choisi « de vivre sur le mode passionné » (RQJ, 20). Il en va de même des conditions socio-économiques de l'antisémitisme. En effet, Sartre ne s'en tient pas au seul plan ontologique et développe un ensemble de considérations sociales et historiques. Par exemple, Sartre note que « beaucoup d'antisémites – la majorité peut-être – appartiennent à la petite bourgeoisie des villes », et définit l'antisémitisme comme « un snobisme du pauvre » (RQJ, 30). Mais ces données ne peuvent être tenues pour « les causes » de l'antisémitisme : le rapport de l'antisémite à ses conditions socio-économiques demeure, conformément aux analyses de la quatrième partie de *L'Être et le néant*, celui d'une liberté en situation. En 1946, le point de vue demeure celui d'une conscience individuelle dont la liberté ignore la nécessité.

Être juif ou ne pas être

Cet essai est l'occasion pour Sartre de risquer une thèse – relative aux juifs en France – qui a suscité bien des objections et qui, pour être bien comprise, doit être rapportée à l'analyse du regard et de l'être-pour-autrui dans *L'Être et le néant*. À la question de « savoir qui est le Juif », Sartre répond que « [l]e Juif est un homme que les autres hommes tiennent pour Juif : voilà la vérité simple d'où il faut partir. En ce sens le démocrate a raison contre l'antisémite : c'est l'antisémitisme qui *fait* le juif » (RQJ, 83-84). Cette thèse s'oppose naturellement à l'idée, défendue par les antisémites, qu'il y aurait une sorte de « principe » juif, et qu'il y aurait un ensemble de caractéristiques physiques (« un nez courbe, les oreilles décollées, les lèvres épaisses ») et morales (« le Juif est un être compliqué qui passe son temps à s'analyser et finasser »), qui permettrait de distinguer à coup sûr le Juif de celui qui ne l'est pas. Elle s'oppose également

à l'universalisme abstrait du démocrate dont l'esprit
d'analyse ne connaît que des hommes et qui « sauve le
Juif en tant qu'homme et l'anéantit en tant que Juif »
(RQJ, 67). Mais elle refuse également l'idée que les juifs,
en France tout du moins, formeraient une communauté
historique concrète. Pour Sartre, au contraire, « ce n'est
ni leur passé, ni leur religion, ni leur sol qui unissent
les fils d'Israël. Mais s'ils ont un lien commun, s'ils
méritent tous le nom de Juif, c'est qu'ils ont une situation
commune de Juif, c'est-à-dire qu'ils vivent au sein d'une
communauté qui les tient pour Juifs » (RQJ, 81). C'est
donc fondamentalement le regard des antisémites qui
constituent le Juif en tant qu'autre.

Il s'ensuit pour les Juifs une situation tout à fait
spécifique dans la mesure où l'antisémitisme les accule à
ce que Sartre dénomme le « dilemme de l'inauthenticité
ou de l'authenticité juive » (QRF, 165). En d'autres
termes, ce sont les antisémites qui fixent aux juifs leurs
conditions d'existence, et les juifs n'ont d'autre choix que
d'assumer ou de fuir leur condition. Par exemple, on tient
ordinairement le Juif pour un homme d'argent. Sartre
demande alors : « Combien de Juifs sont délibérément
généreux, désintéressés et même magnifiques *parce qu'on*
tient ordinairement le Juif pour un homme d'argent »
(RQJ, 116) ? Ce faisant, ces Juifs jouent à n'être pas Juifs.
Ils sont inauthentiques. À l'opposé, « l'authenticité juive
consiste à se choisir *comme juif*, c'est-à-dire à réaliser
sa condition juive » (RQJ, 166). Les Juifs ne doivent
donc pas tenter d'ignorer le fait qu'ils sont juifs et de se
fondre dans le reste de la société ; mais, écrit Sartre, ils
doivent tirer leur orgueil de leur humiliation. Ainsi, le Juif
authentique *se fait juif* lui-même (RQJ, 167). Il n'est pas

surprenant que Sartre, dans la quatrième et dernière partie de l'ouvrage, s'élève contre toute politique d'assimilation (changement de nom, mariage mixte, interdiction des cérémonies religieuses, etc.) qui ne peut avoir la faveur que des Juifs inauthentiques. Les Juifs authentiques « rêvent de s'intégrer à la nation *en tant que Juifs* » (RQJ, 175). Sartre plaide *in fine* pour un libéralisme concret qui accepte les Juifs tels qu'ils sont, avec leurs mœurs, leurs goûts et leur religion.

Saint Genêt, comédien et martyr

Cet ouvrage de près de 700 pages est une volumineuse préface aux *Œuvres complètes* de Jean Genet (1910-1986), enfant abandonné, délinquant, pédéraste, poète, romancier et dramaturge français. Publié en 1952, le *Saint Genet* relève de ces essais de psychanalyse existentielle, dont les principes sont esquissés dans *L'Être et le néant* et mis en application une première fois, en 1946 à propos de Baudelaire. Il s'agit pour Sartre de montrer, « à rebours de l'interprétation psychanalytique et de l'explication marxiste » que seule la liberté peut rendre compte d'une personne en totalité. À partir des différents événements de la vie de Genet et de ses œuvres, Sartre s'emploie donc à retrouver « le choix qu'un écrivain fait de lui-même, de sa vie et du sens de l'univers jusque dans les caractères formels de son style et de sa composition » (SG, 645). La question est alors : pourquoi un enfant trouvé, à partir d'un mot vertigineux (livre I), choisit-il le mal contre le bien (livre II), devient esthète (livre III) puis écrivain (livre IV) ?

Jean Genet, voleur et pédéraste

Enfant de l'Assistance Publique, Genet est confié à l'âge de sept ans à des paysans du Morvan, et s'il est encore apparemment un innocent, en vérité il ne l'a jamais été : « l'enfant devine qu'une femme l'a arraché de soi, tout vivant, tout sanglant pour l'envoyer rouler hors du monde et il se sent maudit : dès sa naissance il est le mal-aimé, l'inopportun, le surnuméraire » (SG, 16). Mais, selon une dramatisation typique de la psychanalyse sartrienne, un instant fatal va décider de tout : alors qu'il est âgé d'une dizaine d'années, Genet est pris la main dans le sac. « Voleur ! ». Ainsi Genet découvre-t-il dans la honte que, pour les autres, il est un voleur. Telle est sa première métamorphose (SG, 27). Désormais, aux yeux de la société, il fait partie de ces exclus, de ces « hommes de mal » qui sont aussi nécessaires aux hommes de bien que les filles de bordel aux honnêtes femmes. Dans ces conditions, nous dit Sartre, il choisit le pire. En d'autres termes, il choisit d'être ce qu'on veut qu'il soit et, par suite, le vol, la pédérastie, le crime, bref le Mal pour le Mal en tant que le Mal est l'autre du Bien. Ce qui est ici remarquable, par rapport à *L'Être et le néant*, c'est que, tout en demeurant libre, ce choix est nécessaire au sens où, selon Sartre, Genet n'a pas d'autre choix (SG, 41). On retrouve cette idée dans la présentation par Sartre de son ouvrage lorsqu'il écrit que le génie n'est pas un don « mais l'issue qu'on invente dans les cas désespérés ».

Ce choix aliéné de soi-même face aux autres – qui est choix de son mode singulier d'être-au-monde – constitue le choix originel dont l'élucidation par la psychanalyse existentielle permet notamment de comprendre

l'homosexualité de Genet. Car, pour Sartre, l'orientation
sexuelle de Genet n'est pas une donnée innée de sa nature
individuelle : « On ne naît pas homosexuel ou normal :
chacun devient l'un ou l'autre selon les accidents de son
histoire et sa propre réaction à ces accidents. Je tiens
que l'inversion n'est pas l'effet d'un choix prénatal, ni
d'une malformation endocrinienne ni même le résultat
passif et déterminé de complexes : c'est une issue qu'un
enfant découvre au moment d'étouffer » (SG, 94). C'est
donc à partir de la liberté que Sartre entend éclairer « la
pédérastie passive » de Genet qui s'inscrit dans une
histoire. Ainsi, jusqu'à ses dix ans, Jean Genet n'est
encore qu'un enfant comme les autres. Après ses dix ans,
après « l'instant fatal » de sa condamnation publique et la
profération du mot vertigineux : « Tu es un voleur », tout
change. Il a désormais, selon Sartre, acquis une nature, et
la collectivité le voue au mal : avec ses semblables, il est
chargé d'incarner le méchant. Telle est pour Sartre la clef
de Jean Genet : autre que soi il est objet, et « désormais sa
vie ne sera que l'histoire de ses tentatives pour saisir cet
Autre en lui-même et pour le regarder en face » (SG, 47).

Ces quelques éléments permettent déjà d'entrevoir
l'orientation sexuelle de Jean Genet. Même s'il est encore
trop tôt pour parler de pédérastie, on comprend déjà que
sa sexualité sera essentiellement féminine au sens où
l'opposition du masculin et du féminin recoupe celle
du sujet et de l'objet, de l'actif et du passif, et où dans
les relations sexuelles la femme se fait objet (SG, 48).
Cependant, avant quinze ans, Jean Genet n'est encore
que dans une situation pré-pédérastique. L'entrée dans
la quinzième année marque une nouvelle étape dans la
vie sexuelle de Jean Genet. Voleur endurci, il connaît la

violence des prisons. Désormais il se veut homosexuel, revendique le nom de « pédé » et croit découvrir qu'il l'a toujours été. Une telle décision n'est pas une simple opération mentale, elle retentit selon Sartre jusque dans la manière dont Genet existe son corps. En effet, rien ne détermine *a priori* un homme à faire de son sexe érigé un couteau, une épée, une faux ou bien, tout à l'opposé, une fleur qui s'épanouit, une nature morte, une chose. Le sens du phénomène organique est ouvert. Or Genet n'est déjà plus un homme ou, tout du moins, il est dépourvu de ces déterminations qui signent la virilité. La priorité en lui de l'objet sur le sujet l'incline à la passivité amoureuse. Ce n'est pas lui qui prend : « se faire manier passivement par l'Autre pour devenir objet à ses propres yeux, voilà son désir » (SG, 97). En outre, il a réagi à sa condamnation, nous dit Sartre, « par une inversion éthique et généralisée » (SG, 98). Il opte dès lors pour ce qui est contre la nature, la société, l'espèce ; il sera méchant, et sa morale une morale noire. Ses goûts le porteront donc immanquablement vers les criminels.

Jean Genet ou l'écriture comme un crime

C'est évidemment en repartant du choix originaire et aliéné de Genet que Sartre entend comprendre pourquoi Genet devient écrivain. En effet, c'est dans le cadre de son choix originel du Mal contre le Bien que s'inscrit sa décision d'écrire. Genet pratique l'écriture comme un crime et considère les belles-lettres « comme un assassinat ». La littérature ne saurait être à ses yeux un métier honnête, un gagne-pain ou encore une vocation. Il peut d'ailleurs rester plusieurs mois sans écrire avant que l'envie le reprenne, et rien ne lui est plus étranger que le *nulla die sine linea* d'un Zola (ou d'un Sartre) (SG, 537). Depuis le début, Genet rêve de devenir un objet tabou ; il cherche la « gloire infâme », la « célébrité noire des assassins », qui lui permettra d'exister sous le regard des autres et d'échapper à son inconsistance. Et s'il préfère finalement l'œuvre d'art au vol, c'est que le vol, contrairement à l'œuvre d'art, demeure anonyme et sans véritable spectateur. Avec la littérature, Genet espère devenir pour de bon, grâce à ses œuvres qui seront donc autant de crimes, un objet d'horreur et de réprobation. Ainsi Genet dit d'un poème dans *Notre-Dame des Fleurs* : « je l'ai chié ». Pour Sartre, ce poème c'est tout simplement Genet lui-même qui se chie pour figurer comme un excrément sur la table des justes (SG, 543). Son livre est un objet-piège qui contraint les autres à le voir comme il veut être vu. D'une certaine manière, Genet contredit Sartre lorsque, assujettissant le Beau au Bien, l'auteur de *Qu'est-ce que la littérature ?* soutient qu'un bon roman ne peut être antisémite. Tout à l'inverse, l'univers de Genet est un univers profondément répugnant qui parvient à s'imposer à nous par sa beauté formelle. Ce n'est pas un hasard si Genet dit de la poésie qu'elle est « l'art d'utiliser la merde et de vous la faire bouffer » (SG, 552).

Genet est-il pour autant un malade, un pervers, un fou ? Alors que *L'Idiot de la famille* ne cesse d'interroger le cas Flaubert en termes de névrose subjective et objective, le *Saint Genet* ne se place jamais explicitement d'un point de vue psychopathologique, et s'en tient au vocabulaire de l'aliénation. Reste que l'écriture se révèle chez Genet une forme de thérapie qui lui permet progressivement de se libérer de ce qu'on a voulu qu'il soit. « Dix ans de littérature, nous dit Sartre à ce propos, valent une cure de psychanalyse » (SG, 602). Dans cette perspective, le choix d'écrire est tout d'abord « le coup de génie, l'illumination » (SG, 607) qui lui permet d'échapper à son destin : auparavant il voulait se rendre tel que les autres le voyaient ; désormais, par l'écriture, il oblige les autres à le voir tel qu'il veut être. Sans doute l'écriture relève-t-elle là encore de ce désir d'être ou désir de l'en-soi-pour-soi sous la forme d'une tentative de récupération de soi. Mais chacun de ses livres est un pas de plus vers la liberté véritable : comparant *Notre-Dame des fleurs* (1940), le *Miracle de la rose*, le *Journal du Voleur* (1949), Sartre découvre un Genet qui se délivre progressivement de lui-même, de son avenir passif de voleur que les honnêtes gens lui ont imposé ; il devient une liberté sans visage qui a renoncé à *être* voleur-en-soi au profit de l'action et, en l'occurrence, de la création littéraire. Paradoxalement, *via* l'apologie littéraire du crime et sa persévérance dans le Mal, Genet parvient à se libérer et du Bien et du Mal, et à réaliser qu'il est un homme « semblable à tous et à personne », un universel singulier (SG, 638). Ainsi, quelque dix ans avant *Les Mots*, le *Saint Genet* s'achève également sur une guérison qui est, en outre, un adieu à la littérature. Ou, plus précisément, un adieu à un certain type de littérature, qui rend possible pour Genet une écriture désaliénée : Genet-écrivain une fois enterré, nul ne peut dire s'il reprendra la plume : « De son indécision présente tout peut sortir : un trappiste ou un écrivain tout neuf » (SG, 636).

CRITIQUE DE LA RAISON DIALECTIQUE
I. THÉORIE DES ENSEMBLES PRATIQUES

Il faut bien reconnaître que le premier volume de la *Critique de la raison dialectique* est un ouvrage difficile à lire. De près de 900 pages, l'ouvrage est rédigé dans l'urgence et à un rythme soutenu. Sartre ne se relit pour ainsi dire pas et – comme l'écrit Arlette Elkaïm-Sartre, sa fille adoptive – enchaîne « les phrases de longue haleine, coupées d'incises qui modulent au fur et à mesure la pensée ». Heureusement, nous disposons d'une table analytique, établie après coup par Juliette Simont et Pierre Verstraeten, qui permet de mieux s'y retrouver. Il s'agit d'un ouvrage fondamental, sans doute daté, mais dont certaines analyses relatives au besoin, à la sérialité, à l'être de classe, au pratico-inerte, etc., demeurent précieuses. Treize ans après *L'Être et le néant*, la *Critique* témoigne d'un tournant de la pensée de Sartre, étroitement lié à son engagement politique et à sa lecture attentive de Marx et de ses épigones. Comme le précise Sartre en introduction, la *Critique* est précédée de *Questions de méthode* quoique, en un sens, ce dernier texte doive être lu après la *Critique* dans la mesure où celle-ci vise à établir les fondements de celui-là. Cependant, *Questions de méthode* a été rédigé avant la *Critique* et Sartre a choisi de retenir l'ordre chronologique « qui, dans une perspective dialectique, est toujours le plus significatif » dans la mesure où il respecte le processus temporel de totalisation de la pensée (CRD, 13).

La tuberculose freine la production

Même si nous allons ici privilégier la lecture de la *Critique*, il n'est pas inutile de relire la conclusion de *Questions de méthode* qui sert de transition entre les deux livres. Sartre y rappelle le point de départ de sa réflexion : le constat que les sciences de l'homme, en dépit de leur dénomination, ignorent l'homme en tant que tel, une attitude comparable à celle de la mécanique classique qui ne s'interroge ni sur le temps, ni sur l'espace, ni sur le mouvement. Il revient ainsi à l'existentialisme de donner un fondement aux recherches en sciences humaines en s'interrogeant sur l'être de la réalité humaine, c'est-à-dire en reposant la question : qu'est-ce que l'homme ?

Le projet de Sartre dans la *Critique* vise donc à constituer une anthropologie qui est à la fois structurelle et historique, conformément à la double dimension de la réalité humaine qu'étudient, d'un côté, l'ethnologie et la sociologie et, de l'autre, l'histoire. Or, en un sens, cette anthropologie existe déjà sous les espèces du marxisme que Sartre tient pour un acquis du Savoir (CRDI, 128). Mais ce Savoir est miné par une faille ou une carence qui concerne l'être de l'homme en tant que projet et liberté. Sartre dégage ainsi au sein du marxisme la place qui revient à l'existentialisme et qui n'est autre que celle du fondement de l'anthropologie marxiste. Afin d'expliciter son propos, Sartre cite le slogan – on ne peut plus étranger au mode de pensée dialectique – d'une affiche qui couvrait les murs de Varsovie en 1949 : « La tuberculose freine la production ». Force est de constater que la réalité humaine, en l'occurrence le malade, est ici totalement éliminée du savoir anthropologique (CRDI, 130). Sartre se donne ainsi pour tâche de réintégrer la compréhension de l'homme dans le Savoir et tandis que le Savoir marxiste porte sur l'aliénation, l'existentialisme doit élucider l'être de l'homme en tant qu'organisme dont la liberté pratique est la condition permanente et concrète de son aliénation (CRDI, 131).

L'introduction comprend deux parties bien distinctes. Tout d'abord, dans une perspective qui rappelle celle de Kant dans la *Critique de la Raison pure*, Sartre s'interroge sur « la limite, la validité et l'étendue de la Raison dialectique ». Par suite il rejette la dialectique dogmatique, qu'il retrouve notamment dans l'idée d'Engels d'une dialectique de la nature, et qui fait de la dialectique une sorte de fatalité métaphysique. Sartre plaide alors pour un retour à Marx qui a le mérite de remettre « la dialectique sur ses pieds » alors qu'elle marchait sur la tête avec Hegel (CRDI, 141). Car pour Marx, la dialectique se confond avec le dur labeur de l'homme et, pour Sartre, ce qui revient au même, « la Raison dialectique se découvre – et se fonde – dans et par la *praxis* humaine » (CRDI, 151) en tant qu'elle est par nature un processus temporel de totalisation, c'est-à-dire la synthèse dans le temps d'une multiplicité.

La deuxième partie se place d'un point de vue méthodologique et expose la notion d'expérience critique qui trouve son point de départ dans le *cogito*, c'est-à-dire dans « la conscience comme certitude apodictique (de) soi et *de* tel ou de tel objet » (CRDI, 167). Cette expérience critique est l'expérience réflexive de tout un chacun et elle a pour premier objet la vie individuelle du sujet. Ce faisant, elle part de l'immédiat, c'est-à-dire de l'individu s'atteignant dans sa *praxis* en tant que totalisation en cours, mais elle vise à « retrouver, à travers les conditionnements de plus en plus profonds, la totalité de ses liens pratiques avec les autres ». Il s'agit ainsi grâce à l'expérience critique de découvrir, par-delà le phénomène de la rareté par exemple, comment l'histoire peut être une synthèse irréductible de liberté et de nécessité : de liberté, dans la mesure où l'individu en est l'agent, et de nécessité, étant donné qu'il la subit, parce que d'autres que lui la font également (DS, 11). L'espoir est ainsi de saisir non pas l'histoire réelle de l'espèce humaine, dont l'exploration revient aux historiens, mais les différentes structures qui commandent le cours de l'Histoire réelle ou encore « la Vérité de l'Histoire » (CRDI, 167).

De la praxis *individuelle au pratico-inerte*

Le premier livre de la *Critique*, « De la *praxis* individuelle au pratico-inerte », entend dégager les conditions dans lesquelles l'homme devient « le produit de son produit » (CRDI, 295) et, du même coup, une liberté aliénée. Le premier moment de cette expérience critique qui en comprend trois (CRDI, 446) correspond à l'analyse de la *praxis* individuelle en tant que celle-ci est par essence dialectique : « l'action est par elle-même dépassement négateur d'une contradiction, détermination d'une totalisation présente au nom d'une totalité future, travail réel et efficace de la matière » (CRDI, 194). Mais cette présentation de la *praxis* reste abstraite aussi longtemps que l'on ne prend pas en compte le besoin. Pour Sartre, en effet, « tout se découvre dans le besoin » qui instaure le premier rapport totalisant de l'homme avec la matière qu'il transforme pour survivre. Il va de soi que l'homme du besoin n'existe pas seul mais au sein de relations humaines qui sont ici décrites du point de vue d'un tiers. Il apparaît que ces relations sont éminemment conflictuelles car, en voulant satisfaire leurs besoins, les hommes se heurtent au phénomène de la rareté. On ne saurait trop souligner l'importance de ce fait rigoureusement contingent, que l'on peut résumer ainsi : « il n'y en a pas assez pour tout le monde » (CRDI, 239). La rareté est ainsi cette négation première qui engendre la violence entre les hommes ainsi que l'inhumanité des conduites humaines en tant que rareté intériorisée (CRDI, 260). C'est pourquoi Sartre reproche à Marx d'avoir négligé ce phénomène alors qu'il est au principe de la lutte des classes, des différents modes de production et donc du capitalisme lui-même, et que « toute l'aventure humaine – au moins jusqu'ici – est une lutte acharnée contre la rareté » (CRDI, 235).

Les hommes sont condamnés non seulement à se battre entre eux et à se dominer les uns les autres mais aussi à se battre contre la matière et à tomber sous sa domination dans la mesure où la matière, sous la forme de la matière ouvrée, c'est-à-dire modifiée par la *praxis* humaine et distincte de la matière brute ou sauvage, se retourne contre eux. En effet, l'exigence des hommes par rapport à la matière se transforme en exigence de la matière par rapport aux hommes. La machine la plus simple possède son mode d'emploi et contraint ses utilisateurs à s'y plier. Plus généralement, on pourrait montrer que la société du XVIIIe siècle finissant et du XIXe siècle repose tout entière sur « le combiné fer-charbon » : le charbon comme source d'énergie conditionne les moyens qui rendront cette énergie effective à savoir la machine à vapeur et, à travers ces outils nouveaux, de nouvelles méthodes pour travailler le fer, etc. Aussi le combiné fer-charbon donne-t-il naissance à des hommes nouveaux qui travaillent par exemple au fond des mines ou dans des usines et que Sartre appelle « des hommes "fer et charbon" » (CRDI, 265). En outre, la matière ouvrée peut se retourner sous la forme d'une *praxis* renversée ou *antipraxis* contre l'homme. C'est ce que nous avons vu avec l'exemple du déboisement en Chine (cf. *supra* B3) et c'est ce que montre Sartre également et de manière plus approfondie à travers la découverte au XVIᵉ siècle des mines d'or péruviennes, qui entraîne la misère croissante des classes exploitées (CRDI, 277).

Ces analyses conduisent Sartre à élaborer la notion décisive pour une pensée de la liberté aux prises avec la nécessité et que l'on retrouve dans le titre de ce premier livre : le pratico-inerte. Ce phénomène correspond au deuxième moment de l'expérience critique en tant qu'expérience de l'aliénation et de la nécessité (CRDI, 445). En effet, dans le rapport des hommes à la matière s'opère une symbiose de « l'ensemble matériel en tant que matière humanisée », *alias* la matière ouvrée, et « d'un ensemble humain correspondant, en tant qu'hommes déshumanisés ». C'est précisément ce que désigne la fabrique, l'usine, l'entreprise. Il s'agit d'une combinaison d'ustensiles ou de machines dont les exigences s'imposent aux hommes qui les servent. Ces hommes n'exercent plus une libre *praxis* organisant la matière mais une *praxis* aliénée. Avec l'usine ou la fabrique apparaît alors un champ pratico-inerte, c'est-à-dire un champ social d'activité passive et de passivité active (CRDI, 296). Ce champ est en apparence « un lieu de violences de ténèbres et de sorcelleries » (CRDI, 424), mais il possède en vérité son intelligibilité dialectique et il est le champ de « notre servitude ».

Le champ pratico-inerte fixe en effet notre être social que chaque individu réalise par ses activités passives et son mode d'existence préfabriqué. Par exemple, à l'ouvrière des shampoings Dop est assigné un genre de travail, une condition matérielle, un niveau de vie, bref un être social tel qu'il est possible de « déterminer sa vie et son destin avant l'embauche » (CRDI, 341). On ne sera pas surpris de constater qu'une ouvrière qui travaille à la chaîne se laisse aller à une rêverie d'ordre sexuel. En vérité, ce n'est pas tant elle que la machine qui, en raison des exigences d'inconscience et de vigilance du travail à la chaîne, rêve de caresses, et l'ouvrière en croyant s'évader réalise son être social d'ouvrière à la chaîne qui régit ainsi jusqu'à sa vie intime (CRDI, 342). Mais le champ pratico-inerte commande également la socialité, c'est-à-dire les relations humaines qui s'établissent entre les individus. Cette notion permet alors à Sartre de réélaborer la conception marxiste de la formation des classes sociales en s'interrogeant sur l'être-de-classe en tant qu'être pratico-inerte. Qu'est-ce qu'une classe ? L'expérience critique, répond Sartre, « nous découvre la classe *au niveau du champ pratico-inerte* comme un collectif et *l'être-de-classe* comme un statut de sérialité imposé à la multiplicité qui la compose » (CRDI, 413).

En d'autres termes, à ce stade de la réflexion qui, encore une fois, correspond au deuxième moment de l'expérience critique, une classe sociale est le résultat d'un régime économique, ce que Sartre appelle un collectif, et les individus qui forment cette classe entretiennent entre eux des relations dites sérielles au sens où, tout en partageant un même destin social, ils sont néanmoins séparés les uns des autres et constituent une série qui est fondamentalement une pluralité de solitudes. Pour comprendre cette première définition de la classe, il convient de repartir du modèle de l'arrêt de bus autour duquel se regroupent les personnes qui attendent le bus et que le panneau constitue en un collectif. Ces personnes sont unifiées par l'arrêt de bus et sont les unes par rapport aux autres dans une attitude de demi-ignorance (CRDI, 364). Toute la question est alors de comprendre comment de la sérialité, c'est-à-dire de cette existence séparée des individus dont la pensée sérielle est une pensée d'impuissance, peut naître une libre *praxis* collective. Il faut alors envisager le troisième et dernier moment de l'expérience critique qui est celui de « la liberté apparaissant comme nécessité de la nécessité » (CRDI, 446).

Du groupe à l'Histoire

Il s'agit donc d'établir formellement les conditions de la transformation d'une série quelconque dont les membres sont aliénés et séparés en un groupe dont la *praxis* est une *praxis* commune, afin de rendre intelligible *in fine* la métamorphose des classes opprimées qui sont à l'état de collectif en classes révolutionnaires dont la *praxis* devient une libre *praxis*. On ne sera donc pas étonné de l'importance accordée à la révolution française dont Sartre possède une connaissance toute particulière et qui sert à bien des égards de modèle historique. On peut distinguer de ce point de vue différentes étapes qui forment comme un cycle.

Conformément à une conception matérialiste de l'histoire, l'origine de cette mutation est non pas spirituelle : une idée nouvelle, mais matérielle : la famine, le chômage, une crise économique, la guerre, etc. Survient alors le moment que Sartre, empruntant le terme à Malraux, dénomme « l'apocalypse » (CRDI, 461) qui correspond à dissolution de la série dans un groupe dont les membres sont unis par un but commun de telle sorte que, désormais, chacun réagit comme incarnation singulière de la personne commune. L'apocalypse engendre ainsi un type de groupe que Sartre dénomme « groupe en fusion » et dont la population du quartier Saint-Antoine, les 13 et 14 juillet 1789, donne une représentation concrète. Comme son nom l'indique, le groupe en fusion se distingue par l'unité que les *praxis* individuelles qui le composent parviennent à réaliser, sans toutefois parvenir réellement à l'unité organique : à rebours de tout organicisme, Sartre tient la *praxis* individuelle pour le fondement ontologique du groupe comme de toute association humaine. Ce groupe se définit comme un rassemblement actif au sein duquel chaque *praxis* échappe à l'empire du pratico-inerte en s'associant aux autres en vue d'atteindre par une *praxis* commune un objectif commun. Tel est le cas de la foule qui, en 1789, marche sur la Bastille. Ainsi, chacun est dans le groupe le même que l'autre. Non pas au sens où dans la série chacun est autre que l'autre (un autre voyageur au pied de l'arrêt de bus), mais où chacun poursuit la même fin et partage la même *praxis* qui est alors *praxis* commune.

Cependant, cette identité ne saurait assurer l'unité du groupe qui, sous peine de se décomposer, doit sans cesse se totaliser et qui, par suite, suppose un tiers régulateur (CRDI, 483). Membre du groupe, ce dernier est, par exemple, celui qui lance un mot d'ordre : à la Bastille, celui qui prend la parole, etc. Mais l'unité du groupe en fusion n'en reste pas moins fragile. Loin d'être donnée, elle doit se faire et se maintenir. Ainsi les Vainqueurs de la Bastille ne sont rapidement plus unis que par leur passé. Afin de prévenir sa propre désagrégation, s'offre au groupe la possibilité du Serment – qu'il ne faut pas confondre avec l'idée, que Sartre tient pour absurde, de contrat social en tant que fondement de l'État (CRDI, 519). Le Serment peut prendre une forme explicite, comme dans le cas du serment du Jeu de Paume du 20 juin 1789 ou, pour ceux qui sont nés dans le groupe, une forme implicite. Le Serment est une invention pratique du groupe dit alors assermenté, qui est provoquée par la peur de la trahison et qui engendre le règne de « la Fraternité-Terreur ». La Fraternité résulte de ce que les membres du groupe assermenté forment comme une famille et sont liés par un ensemble d'obligations réciproques, à commencer par celle de s'entraider. De ce point de vue, contrairement au groupe en fusion, le groupe assermenté est un groupe de contraintes (CRDI, 536). Mais le serment établit du même coup la Terreur, c'est-à-dire le droit de chacun et de tous de supprimer celui qui ne tient pas sa parole. La Terreur est ainsi le substitut de la peur externe qui fut à l'origine du groupe en fusion. Elle est le libre produit du groupe et Sartre la définit comme « l'action coercitive de la liberté contre la dissolution sérielle » (CRDI, 529). Il convient toutefois de souligner qu'il n'est pas question pour Sartre d'établir l'essence de la Terreur comme s'il s'agissait d'une idée platonicienne. Il tient au contraire la pluralité des terreurs entre 1789 et 1794 pour une évidence. Aussi ses analyses n'ont d'autres ambitions que d'indiquer les conditions dialectiques des différentes formes concrètes de la Terreur en tant qu'aventures historiques (CRDI, 683, note 1).

Afin de conjurer la sérialité renaissante, le groupe assermenté peut vouloir s'organiser, au sens où il distingue en son sein différents organes et différentes fonctions et, enfin, s'institutionnaliser en faisant de ses organes, fonctions et pouvoirs des déterminations figées, c'est-à-dire précisément des institutions. Toutefois le remède est pourrait-on dire pire que le mal. En effet, l'institution a ce caractère contradictoire d'être une *praxis* et une chose. Elle est bien une *praxis* et il est possible de retrouver la dialectique vivante qui est à l'origine de l'institution quoique sa signification téléologique se soit obscurcie. Tel est le cas, par exemple, de l'institution matrimoniale de la polyandrie aux îles Marquises qui est une manière pour le groupe de dépasser le fait de la rareté des femmes (QM, 127-129). Mais l'institution est une chose par sa considérable force d'inertie : « non seulement parce qu'elle fait partie d'un ensemble institutionnel et qu'on ne peut guère la modifier sans modifier toutes les autres », mais surtout parce qu'elle se pose comme une réalité durable et figée, et qu'elle pose les hommes « comme moyens inessentiels de la perpétuer ». Ainsi, dans l'institution, la *praxis* s'est pétrifiée et l'impuissance des hommes à modifier les institutions témoigne du retour de la sérialité (CRDI, 687). On peut dire, dans cette perspective, que le groupe assermenté, le groupe organisé et le groupe institutionnel, qui instaure la quasi souveraineté du chef (CRDI, 696), se présentent comme autant de dégradations successives du groupe en fusion. Mais s'il est vrai que la libre *praxis* commune, qui triomphe de la multiplicité sérielle dans le groupe en fusion, est progressivement rattrapée par la passivité et l'aliénation, Sartre tient à préciser que ce terme de *dégradation* ne se réfère en l'occurrence à aucun système de valeurs. Il vise seulement à souligner que le groupe se rapproche progressivement du statut du collectif et que la libre *praxis* retourne vers le pratico-inerte (CRDI, 678).

Le vrai problème de l'Histoire

Reste à revenir au concret, c'est-à-dire à l'histoire concrète des hommes, et à montrer de quelle manière la raison dialectique et ses concepts permettent d'en saisir le sens. Il convient alors de prendre garde à ce que Sartre tient pour une illusion : penser l'histoire de l'humanité comme l'histoire d'un Homme alors même que l'histoire est le fait de générations successives et de temporalisations distinctes (CRDI, 749). Ce sont les hommes qui font l'histoire, non pas en tant qu'ils exercent leur libre *praxis* individuelle mais en tant qu'ils appartiennent à des groupes, des classes et des formations sociales dont des rapports sont fondamentalement pratiques et se réalisent à travers des actions réciproques d'entraide, d'alliance, de guerre, d'oppression, etc. Il s'agit alors de comprendre en quel sens la lutte des classes est « le moteur de l'Histoire » dans un monde gouverné par la rareté et donc dominé par la réciprocité antagonistique (CRDI, 865). Une autre illusion consiste à ignorer la *praxis* de la lutte contre la classe dominante et le caractère dialectique de l'Histoire en l'assimilant à un processus mécanique. Tel est le cas lorsqu'on considère que le prolétariat triomphera de la bourgeoisie par le simple fait que la succession des crises qui affecte le système capitaliste entraînera nécessairement la disparition de la bourgeoisie. C'est mettre de côté la question – à laquelle la *Critique* accorde une attention toute particulière – des modalités selon lesquelles la classe ouvrière est susceptible, en dépit de son être pratico-inerte, de s'unifier et de se donner les moyens d'entrer en lutte contre la bourgeoisie.

Au terme de ce premier volume, Sartre déclare que « notre Histoire nous est intelligible parce qu'elle est dialectique et elle est dialectique parce que la lutte des classes nous produit comme dépassant l'inertie du collectif vers les groupes dialectiques de combat » (CRDI, 882). Mais cette vaste élaboration des conditions d'intelligibilité de l'Histoire se heurte à une difficulté qui est pour Sartre « le vrai problème de l'Histoire ». Comment, en effet, la totalisation de toutes les multi-plicités pratiques et de toutes leurs luttes s'opère-t-elle de sorte qu'il n'y a pas des histoires mais *une* histoire humaine avec *une* vérité et *une* intelligibilité ? Ce problème est celui de « la totalisation sans totalisateur et des fondements mêmes de cette totalisation » (CRDI, 894) auquel s'attèle Sartre dans le deuxième volume de la *Critique de la raison dialectique. L'intelligibilité de l'histoire*, rédigé pour l'essentiel en 1958, demeuré inachevé et publié après la mort de Sartre en 1985.

L'IDIOT DE LA FAMILLE

En ouverture de cette vaste entreprise, Sartre écrit : « *L'Idiot de la famille* est la suite de *Questions de méthode*. Son sujet : que peut-on savoir d'un homme, aujourd'hui ? Il m'a paru qu'on ne pouvait répondre à cette question que par l'étude d'un cas concret : que savons-nous – par exemple – de Gustave Flaubert ? » (IFI, 7). La réponse à cette question, qui constitue ce que Sartre lui-même appelle « un roman vrai », s'étend sur près de trois mille pages, réunies en trois volumes, publiés successivement en 1971 et 1972. L'entreprise demeure cependant inachevée car Sartre, en raison de sa cécité croissante, doit interrompre la rédaction de son grand œuvre. Difficile cependant de ne pas se demander si la cécité est ici seule en cause et si l'inachèvement ne tient pas à la démesure du projet lui-même : la psychanalyse existentielle n'est-elle pas à son tour, pour reprendre le titre d'un essai de Freud, une analyse interminable, et son désir d'une compréhension exhaustive d'un individu ne se heurte-il pas à une impossibilité rédhibitoire qu'elle tente en vain de surmonter ?

Questions de méthode

Bien qu'inachevé, *L'Idiot de la famille* se présente comme le couronnement de la réflexion sartrienne. Cet ouvrage, en effet, n'est pas seulement la suite de *Questions de méthode* qui est à son tour la suite de la *Critique de la raison dialectique*, mais également de *L'Être et le néant* dont la quatrième partie fixe pour la première fois les principes de la psychanalyse existentielle (principes que nous avons exposés plus haut, en C2). On pourrait même remonter plus avant. Ainsi, les *Carnets de la drôle de guerre*, par exemple, témoignent de l'intérêt de Sartre mais aussi de sa forte ambivalence pour Flaubert. À propos de *L'Education sentimentale*, Sartre y déclare : « Que c'est maladroit et antipathique. Quelle sottise, cette hésitation constante entre la stylisation dans les dialogues et les peintures et le réalisme » ; et, un peu plus loin, il dénonce sans hésitation « Flaubert et son faux style » (CDG, 304, 610). On finirait même par se demander pourquoi Sartre a consacré tant d'heures et tant de peines à un homme qu'il déteste à ce point. Dans *L'Être et le néant* (EN, 605), afin d'exemplifier la démarche qui sera la sienne, Sartre s'interroge sur « l'ambition grandiose » de Flaubert. Cette ambition est-elle une donnée innée ou le résultat d'une histoire ? On le devine, Sartre refuse de tenir le talent littéraire comme l'ambition de Flaubert pour un « fait irréductible ». Il s'agit selon lui d'une conduite signifiante qui, par-delà une histoire, renvoie ultimement à la liberté de Gustave et à son choix originaire qui est, comme nous allons le voir, le choix de l'imaginaire, au sens d'une conduite de déréalisation du monde, de la société et de la politique de son temps (DS, 235).

Mais c'est dans la deuxième et troisième partie de *Questions de méthode*, consacrée au « Problème des médiations » et à « La méthode progressive-régressive », que Sartre élabore l'herméneutique existentielle qu'il met en œuvre dans *L'Idiot de la famille*. Il s'oppose à cette occasion au marxisme qui, certes, a le mérite de situer l'œuvre de Flaubert dans son époque et de rattacher son style dit réaliste à « l'évolution sociale et politique de la petite-bourgeoisie du Second Empire » (QM, 82). Mais une telle analyse demeure nettement insuffisante aux yeux de Sartre qui demande à comprendre le lien exact, mieux : les médiations qui permettent, par-delà la métaphore du reflet, d'articuler le style de Flaubert à son statut social, Madame Bovary à la structure politico-sociale de la petite bourgeoisie (QM, 90). Revenant à Flaubert dans sa troisième partie (QM, 194 *sq.*), Sartre montre concrètement comment il entend suivre une démarche à la fois progressive et régressive dans l'étude d'un homme singulier. La méthode consiste alors en un mouvement régressif d'analyse et d'exploration qui descend du concret absolu, par exemple : le roman *Madame Bovary*, à son conditionnement le plus abstrait (aux conditions matérielles d'existence de son auteur) ; et en un mouvement progressif et synthétique qui ressaisit le projet de Flaubert et son objectivation finale dans une œuvre littéraire. Cette méthode est déjà, selon Sartre, mise en œuvre par Marx dans son essai sur *Le 18 brumaire de Louis Bonaparte*, qui conjugue progression synthétique et analyse détaillée des faits et qui, selon un mouvement de va-et-vient, éclaire les structures les plus profondes d'une société (développement des forces productives, rapports de production) à partir de l'originalité du fait envisagé (homme, action, œuvre) pour pouvoir déterminer en retour cette originalité par les structures fondamentales de ladite société (QM, 174).

Dans le cas de Flaubert, plus précisément, Sartre distingue un mouvement régressif qui part de l'analyse de *Madame Bovary*, et qui interroge et éclaire la vie de son auteur à partir de l'œuvre et, inversement, l'œuvre à partir de la biographie, selon un mouvement de va-et-vient entre l'œuvre et la vie. L'analyse de l'œuvre révèle différents traits de « caractère » tels que le narcissisme de Flaubert, son idéalisme, sa féminité et sa passivité. On est alors conduit à interroger l'enfance et la petite enfance de Flaubert en tant qu'universalité vécue dans la particularité, c'est-à-dire comme manière de vivre obscurément ces conditions générales que sont l'évolution de la société française, l'essor du capitalisme familial, la misère du prolétariat, les relations de la petite bourgeoisie avec l'élite des industriels, etc. Il est alors possible de saisir ce que Sartre dénomme « la profondeur du vécu », c'est-à-dire ses différentes couches de significations. Cependant, la recherche n'est pas achevée car elle n'a réussi « qu'à dévoiler une hiérarchie de significations hétérogènes : Madame Bovary, la "féminité" de Flaubert, l'enfance dans un bâtiment de l'hôpital, les contradictions de la petite bourgeoisie contemporaine, l'évolution de la famille, etc. ». Chacune de ces significations sert de cadre à la précédente tout en demeurant distincte d'elle. Elles ne sont que les traces du mouvement dialectique qu'il s'agit à présent de reconstituer. Comprendre Flaubert et son œuvre suppose alors une démarche progressive qui retrouve le *projet* de Flaubert, c'est-à-dire « le mouvement d'enrichissement totalisateur qui engendre chaque moment à partir du moment antérieur » et qui aboutit à Madame Bovary, « ouvrage monstrueux et splendide » dans lequel Flaubert s'objective (QM, 194-209). Nous retrouvons ainsi ce que *L'Être et le néant* mettait déjà au cœur de la psychanalyse existentielle : dévoiler le libre projet qui singularise Flaubert et permet de comprendre son existence. Mais, en 1979, la psychanalyse existentielle ne peut plus faire l'économie des conditions sociales et économiques et elle entend décrire dialectiquement de quelle manière ce projet se réalise dans le temps et dans son époque.

D'un point de vue méthodologique, Sartre établit une distinction décisive, qu'il n'aurait sans doute pas acceptée en 1943 et qui structure la rédaction des deux premiers volumes de *L'Idiot de la famille*. En effet, la première partie est intitulée : « La Constitution », tandis que la deuxième est consacrée à « La Personnalisation » – et la troisième partie, « Elbenhon ou la dernière spirale », envisage la crise dite de Pont-L'Evêque, un soir de janvier 1844. Dans sa correspondance, Gustave Flaubert se plaint d'une « mélancolie native » ou encore et de manière quelque peu contradictoire d'une « plaie profonde toujours cachée ». Il ne saurait être question, pour Sartre, d'inscrire dans la nature de Gustave cette mélancolie qui, à proprement parler, n'est nullement « native ». Et s'il s'agit d'une plaie profonde, à quel événement particulièrement violent convient-il de la rapporter ? Sartre propose d'appeler « constitution » ou « constitution passive », cette mélancolie et ce dégoût de vivre qui hante l'auteur de *Madame Bovary* (IFI, p. 47-8) et qui domine sa manière d'être-au-monde. Mais si la constitution passive s'oppose à la personnalisation, c'est-à-dire à la formation active de la personne, constitution et personnalisation ne sont en effet pas plus séparables que, dans *L'Être et le néant*, liberté et situation. Pour la clarté de l'exposé, Sartre s'attache cependant à distinguer à propos de Flaubert – et nous reprenons ici une formule célèbre du *Saint Genet* (SG, p. 63) – entre ce qu'on a fait de lui (constitution) et ce qu'il a fait lui-même de ce qu'on a fait de lui (personnalisation). Ainsi, l'idée d'une constitution passive introduit au cœur de l'existence une dimension de passivité que l'ontologie du pour-soi facticiel dans *L'Être et le néant* rejette catégoriquement. Ainsi Sartre remarque chez Flaubert « une tentative pour vivre jusqu'au bout ce statut *octroyé* d'inerte matérialité », et note que Gustave, voué à la passivité, « n'est pas *fait* pour agir », qu'il ignore la *praxis* humaine et qu'il est condamné, ne pouvant s'abandonner à l'inconscience de la chose inanimée, à une « activité passive ». C'est pourquoi son domaine de prédilection est celui du *pathos*, de l'affectivité en tant que violence pure. Telle serait l'origine des hébétudes de Flaubert ainsi que, comme nous allons le voir, de sa difficulté à parler, à lire, à travailler, etc. (IF, p. 48).

Entre névrose et littérature

Comme il ne saurait être même question de survoler l'ensemble des analyses particulièrement riches et fouillées de Sartre dans ces trois volumes, nous choisissons de privilégier ici l'examen de la naissance de la vocation littéraire de Flaubert, en d'autres termes, son engagement littéraire à la lumière de ce que Sartre dénomme son « option hystérique » (IFI, 176). En effet, que Flaubert soit un malade, c'est ce dont lui-même s'est convaincu : à ses yeux, il souffre d'une maladie du système nerveux dont il est parvenu à se délivrer, croit-il, par l'étude du mal qui le ronge et la force de sa volonté. Évoquant sa nouvelle existence au cours des deux années sereines qui suivent la crise de Pont-l'Evêque en 1844 : une chute épileptique qui relève pour Sartre de l'hystérie, Flaubert écrit alors à Louise Colet et prétend être guéri. En vérité, il ne l'est nullement. Bien au contraire, il vit ou plutôt se survit dans une séquestration volontaire à l'Hôtel-Dieu puis à Croisset. Il écrit à ce propos : « Je marchais avec la rectitude d'un système particulier fait pour un cas spécial ». Pour Sartre, cette dernière affirmation nous donne avec une « pénétration surprenante » la définition même de l'aliénation névrotique où c'est le « système qui est lui-même la maladie » (IFI, 187, IFII, 1798). Comment Flaubert en est-il arrivé là ? Quelles sont les sources de cette passivité qui domine son existence jusque et y compris dans ce que Sartre dénomme son « activité passive » ?

La réponse se situe tout d'abord du côté de cette mélancolie dite « native », ce dégoût de vivre, cette impossibilité de rien entreprendre, en un mot, du côté de cette « constitution passive » qui explique, entre autres, ses difficultés à parler et à lire comme sa préférence pour le rêve et l'irréel (IFI, 48). Mais afin de comprendre les traits dominants de cette sensibilité, il convient d'en interroger la préhistoire et, tout particulièrement, les relations qui s'établissent entre la mère, Caroline Flaubert, et son deuxième fils, Gustave. Sartre insiste sur sa froideur et sa déception vis-à-vis de ce petit mâle qu'elle eût préféré de sexe féminin. Si Gustave Flaubert est un enfant bien nourri c'est néanmoins un cadet mal-aimé auquel fera toujours défaut ce que, seule, la grâce d'amour eût été en mesure de lui offrir : un mandat de vivre. Ainsi, comme pour l'immense majorité des hommes selon Sartre, le malaise de Flaubert « commence au seuil de l'humain, quand des enfants mal-aimés s'ébahissent d'exister sans raison » (IFI, 142, 733). Il faut également prendre en compte la relation malheureuse du fils à son Père souverain. Gustave aurait été « frustré et torturé dès sept ans par sa famille – autrement dit par son père », Achille-Cléophas Flaubert, chirurgien en chef de l'hôpital de Rouen, qui découvre que son fils, à sept ans, ne sait toujours pas lire alors que son frère aîné, Achille, le savait à cinq ans. Bref, que Gustave est l'idiot de la famille. On comprend alors pourquoi Flaubert a la conviction d'avoir vécu de sept à vingt-trois ans, c'est-à-dire jusqu'à la crise de Pont-l'Evêque, « la vie la plus atroce et la plus inflexible ». C'est qu'en effet, à l'âge de sept ans, l'âge d'or de la petite enfance prend brutalement fin pour cet enfant dont l'existence se déroule désormais sous le signe de « la Chute » : la découverte qu'il est pour les autres un sous-homme (IFI, 189-191).

Reste le « scandale : un idiot qui devient un génie » (IFI, 51). En d'autres termes, tout ceci ne nous explique pas pourquoi un « cadet frustré et jaloux » devient l'auteur de *Madame Bovary*. Il faut donc élucider, s'il est vrai que l'écriture est une conduite, la manière dont Flaubert dépasse au sein d'un projet totalisateur ce qu'on a fait de lui et le mal qui l'habite. En d'autres termes, il faut passer de la constitution à la personnalisation. Or le projet initial de Flaubert, le premier moment de sa personnalisation, n'est pas la littérature mais le théâtre : à sept ans, il veut être un grand acteur et si, à neuf ans, il a déjà écrit des pièces de théâtre, c'est afin de pouvoir en incarner les personnages imaginaires. Ce faisant, il choisit le non-être. Non pas le non-être pur mais le non-être qui emprunte à l'être une apparence de réalité.

Pour bien saisir ce point, il faut se souvenir des pages de *L'imaginaire* consacrées au paradoxe du comédien (Iaire, 367-368). On comprend alors que tout l'art de l'acteur consiste à user de son corps comme d'un *analogon* de telle sorte qu'il vit lui-même sur un mode irréel : l'acteur qui joue Hamlet est irréellement un autre. De manière analogue, le réel est pour Flaubert au service de l'irréel – contrairement aux enfants sages dont l'imaginaire vise le réel : plus tard je *serai* pharmacien. Mais ce choix de l'irréel est à nouveau opéré par une liberté aliénée. Il est tout à la fois un moyen d'échapper au mal qui le ronge et le mal lui-même ; l'irréalité ou manque d'être est d'abord une souffrance qu'éprouve ce cadet mal-aimé avant d'être la « solution » névrotique qu'il invente pour combler la faille ontologique qui le mine.

Cependant, entre 1832 et 1835, Gustave doit renoncer pour toujours à la carrière d'acteur (IFI, 860). Dans une lettre du 8 août 1846, il déclare à Louise Colet : « Le fond de ma nature est, quoi qu'on en dise, le saltimbanque. J'ai eu dans mon enfance et ma jeunesse un amour effréné des planches. J'aurais été peut-être un grand acteur, si le ciel m'avait fait naître plus pauvre » (IFI, 873). Comprenons : quand on est né Flaubert, fils du chirurgien-chef Achille-Cléophas Flaubert, on ne devient pas un bateleur. Un tel état est incompatible avec l'identité sociale de la famille. Mais comprenons bien le sens de cette pseudo constatation : Flaubert reproche à sa famille de lui avoir *coupé* les ailes et d'avoir renouvelé en 1832 une castration très ancienne qui lui interdit depuis sa première enfance toute véritable action (IFI, 875). Flaubert se résigne donc à écrire. La littérature est pour lui un *pensum* et, comparé au théâtre, « un jeu morne et solitaire » (IFI, 904). Mais si tel est bien le cas, pourquoi cet « écrivain-malgré-lui » s'obstine-t-il donc à écrire ? Telle est l'énigme que Sartre tente de résoudre en étudiant ce qu'il tient pour une *conversion* – mais non pour une guérison – et dont il décrit minutieusement les étapes dans un chapitre décisif intitulé : « *Scripta manent* ». Son point de départ, c'est que Flaubert, « le billard rangé », entendons : son théâtre fermé, ne peut plus s'extérioriser par les gestes et la voix, et se trouve condamné à la vie intérieure, à l'onirisme.

Sans doute le choix de l'irréel demeure-t-il inchangé. Mais il a perdu la dimension spectaculaire et sociale qui était auparavant la sienne. En s'intériorisant, il acquiert alors une dimension nouvelle : poursuivant l'extase irréalisante, Flaubert s'auto-hypnose à l'aide de mots magiques, véritables hallucinatoires qui servent d'*analoga* et de support à ses rêveries. Ainsi, les mots « *maîtresse, luxe* et *or* s'attirent et forment, écrit Sartre, une constellation d'éblouissement ». Mais ces mots, afin qu'ils survivent à leur profération, il faut les écrire de telle sorte que leur graphème permettra de donner plus de consistance à l'image. Flaubert écrit donc, mais pour lui-même, pour se lire et pour se faire plaisir ; il s'écrit (IFI, 925). Nous sommes encore loin de la littérature proprement dite qui, comme nous l'avons vu en première partie, est une entreprise fondamentalement intersubjective qui suppose « la possibilité de faire totaliser un monde irréel par un sujet imaginaire ». Il faut attendre 1836 pour que la conversion s'accomplisse – en partie et après bien des médiations que nous ne pouvons évoquer ici – comme en témoigne cette déclaration de Flaubert dans *Un parfum à sentir* : « Écrire, oh ! écrire c'est s'emparer du monde » (IFI, 958). Mais cette conversion interne à la névrose débouche sur une forme nouvelle d'aliénation. Désormais, la littérature s'est érigée en fin absolue. Elle exige de celui que l'inspiration déserte un sacrifice total. Un travail acharné vient à bout de tout (*Labor improbus omnia vincit)* (IFI, 1089). Telle est la maxime de ce forçat des lettres qui, en 1844, s'est enfermé dans la névrose et dont les œuvres, incapables *a priori* de s'élever à l'universel, se révèlent au bout du compte des chefs-d'œuvre. De fait, Flaubert s'est imposé comme l'un des grands maîtres de la littérature française. C'est à l'élucidation de cette nouvelle énigme que Sartre consacre le troisième tome de *L'Idiot de la famille*.

BIBLIOGRAPHIE

Dans la perspective d'une entrée rapide dans l'œuvre de Sartre, on pourra privilégier *L'existentialisme est un humanisme, Conscience et connaissance de soi, Questions de méthode*.

Ouvrages philosophiques de Sartre

– *La Transcendance de l'ego* [1937], Paris, Vrin, 1988.
– *L'imagination* [1936], Paris, P.U.F., 1983.
– *L'imaginaire* [1940], Paris, Gallimard, 1986.
– *Esquisse d'une théorie des émotions* [1939], Paris, Hermann, 2010.
– *L'Être et le néant* [1943], Paris, TEL-Gallimard, 2008.
– *L'existentialisme est un humanisme* [1946], Paris, Nagel, 1970.
– *Réflexions sur la question juive* [1946], Paris, Gallimard, 1988.
– *Baudelaire* [1947], Paris, Gallimard, 1975.
– *Situations I* [1947], Paris, Gallimard, 1975.
– *Situations II*, Paris, Gallimard, 1948.
– *Qu'est-ce que la littérature ?* [1948], Paris, Gallimard, Folio, 1991.
– *Situations III*, Paris, Gallimard [1949], Paris, Gallimard, 1976.
– *Saint Genet, comédien et martyr*, Paris, Gallimard, 1952.
– *Questions de méthode* [1960], Paris, Gallimard, 1967.
– *Critique de la raison dialectique*, Paris, Gallimard, 1960, t. 1.
– *Situations IV*, Paris, Gallimard, 1964.
– *Situations V*, Paris, Gallimard, 1964.
– *Situations VI*, Paris, Gallimard, 1964.
– *Les Mots*, Paris, Gallimard, 1964.

– *Situations VII*, Paris, Gallimard, 1965.
– *Situations VIII*, Paris, Gallimard, 1972.
– *Situations IX*, Paris, Gallimard, 1972.
– *L'idiot de la famille*, t. I, II, III, Paris, Gallimard, 1971-1972.
– *On a raison de se révolter* (avec Ph. Gavi et P. Victor), Paris, Gallimard, 1974.
– *Situations X*, Paris, Gallimard, 1976.

Publications posthumes

– *Carnets de la drôle de guerre* [1939-1940], Paris, Gallimard, 1983.
– *La responsabilité de l'écrivain*, [1946], Lagrasse, Éditions Verdier, 1998.
– *Conscience et connaissance de soi* [1947], dans *La transcendance de l'ego* et autres textes phénoménologiques, Paris, Vrin, 2003.
– *Cahiers pour une morale* [1947-1948], Paris, Gallimard, 1983.
– *Vérité et existence* [1948], Paris, Gallimard, 1989.
– *Mallarmé. La lucidité et sa face d'ombre* [1952-1953], Paris, Gallimard, 1986.
– *Le scénario Freud* [1958], Paris, Gallimard, 1984
– *Critique de la raison dialectique*, t. II, *L'Intelligibilité de l'histoire* [1958], Paris, Gallimard, 1985.
– « Morale et histoire » [1965], les *Temps modernes*, juillet-octobre 2005, p. 268-414.
– *L'espoir maintenant*, (entretiens avec B. Lévy) [1980], Paris, Verdier, 1991.

Livres portant sur l'œuvre de Sartre

ARON R., *Histoire et dialectique de la violence*, Paris, Gallimard, 1973, p. 48-61.
BEAUVOIR S. de, *La Cérémonie des adieux*, suivi de *Entretiens avec J.-P. Sartre, août-septembre 1974*, Paris, Gallimard, 1981.

CABESTAN Ph., *L'Être et la conscience, recherches sur la psychologie et l'ontophénoménologie sartriennes*, Bruxelles, Ousia, 2004.

– *Dictionnaire Sartre*, Paris, Ellipses, 2009.

– *Qui suis-je ? Sartre et la question du sujet*, Paris, Hermann, 2015.

CAEYMAEX F., *Sartre, Merleau-Ponty, Bergson. Les phénoménologies existentialistes et leur héritage bergsonien*, Hildesheim, Olms, 2005.

CANNON B., *Sartre et la psychanalyse*, Paris, P.U.F., 1993.

CHABOT A., *Sartre et le Père. Le Scénario Freud, Les Mots, L'Idiot de la famille*, Paris, Honoré Champion, 2012.

COHEN-SOLAL A., *Sartre. 1905-1980*, Paris, Gallimard, 1985.

CONTAT M. et M. RYBALKA, *Les écrits de Sartre. Chronologie, bibliographie commentée*, Paris, Gallimard, 1970.

COOREBYTER V. de, *Sartre avant la phénoménologie. Autour de « La nausée » et de la « Légende de la vérité »*, Bruxelles, Ousia, 2005.

– *Sartre face à la phénoménologie*, Bruxelles, Ousia, 2000.

DENIS B., *Littérature et engagement*, Paris, Seuil, 2000.

FLAJOLIET A., *La première philosophie de Sartre*, Paris, Honoré Champion, 2008.

LEGUIL C., *Sartre avec Lacan. Corrélation antinomique, liaison dangereuse*, Paris, Navarin/Le Champ Freudien, 2012.

MOATI R., *Sartre et le mystère en pleine lumière*, Paris, Le Cerf, 2019.

MOUILLIE J.-M., *Sartre, conscience, ego et psychè*, Paris, P.U.F., 2000.

NOUDELMANN F. et G. PHILIPPE, *Dictionnaire Sartre*, Paris, Champions, 2004.

RIZK H., *Comprendre Sartre*, Paris, Armand Colin, 2011.

– *Individus et multiplicités : essai sur les ensembles pratiques dans* Critique de la raison dialectique, Paris, Kimé, réédition augmentée, 2014.

SEEL G., *La dialectique de Sartre*, trad. fr. E. Müller, Ph. Müller et M. Reinhardt, Lausanne, L'âge d'homme, 1995.

SALZMANN Y., *Sartre et l'authenticité*, Genève, Labor et Fides, 2000.

SIMONT J., *Jean-Paul Sartre. Un demi-siècle de liberté*, Bruxelles, De Boeck Université, 1998.

VERSTRAETEN J., *Violence et éthique*, Paris, Gallimard, 1972.

Recueil d'articles portant sur l'œuvre de Sartre

Les temps modernes. Témoins de Sartre, n°531-532, 1990.

CONTAT M. (éd.), *Pourquoi et comment Sartre a écrit* Les mots, Paris, P.U.F., 1996.

MOUILLIE J.-M. (éd.), *Sartre et la phénoménologie*, Fontenay-aux-Roses, ENS éditions, collection Theoria, 2000.

Sartre phénoménologue, Revue de phénoménologie ALTER, N°10, octobre 2002.

Sartre, Cités, P.U.F., N°22, mai 2005.

BARBARAS R. (éd.), *Sartre, désir et liberté*, P.U.F., octobre 2005.

Les Temps modernes, n°632-634, Jean-Paul Sartre, « Morale et histoire », juillet-octobre 2005.

Sens public, Sartre, du mythe à l'histoire ; Sartre, violence et éthique, 2006.

BAROT E. (éd.), *Sartre et le marxisme*, Paris, La Dispute, 2011.

CABESTAN Ph. et J.-P. ZARADER (éd.), *Lectures de Sartre*, Paris, Ellipses, 2011.

Les Temps modernes, Sartre avec Freud, N°674-675, juillet-octobre 2013.

MOUILLIE J.-M. et J.-P. NARBOUX, *Sartre. L'Être et le néant. Nouvelles lectures*, Paris, Les Belles Lettres, 2015.

La revue des *Études sartriennes* publie des textes inédits de Sartre, des articles et des comptes rendus relatifs à l'œuvre de Sartre. Le N°19, publié en 2016 aux éditions OUSIA, est consacré aux « Racines de l'éthique » ; le N°20, publié en 2016, Paris, Classiques Garnier, rassemble différents articles autour des *Inédits de jeunesse*. Empédocle *et le* Chant de la Contingence.

INDEX NOMINUM

TABLE DES MATIÈRES

Achevé d'imprimer en octobre 2019
sur les presses de
La Manufacture - Imprimeur – 52200 Langres
Tél. : (33) 325 845 892

N° imprimeur : 191521 - Dépôt l égal : novembre 2019
Imprimé en France